未完的五四

未完的五四

歷史現場和思想對話

陳平原　著

香港中文大學出版社

《未完的五四：歷史現場和思想對話》
　　陳平原 著

© 香港中文大學 2023

© 陳平原 2018
本作品原由北京大學出版社出版。
經北京大學出版社授權香港中文大學出版社於中國內地以外地區獨家出版發行。
保留一切權利。未經書面許可，任何人不得複製、發行。

本書版權為香港中文大學所有。除獲香港中文大學
書面允許外，不得在任何地區，以任何方式，任何
文字翻印、仿製或轉載本書文字或圖表。

國際統一書號 (ISBN)：978-988-237-287-0

2023年第一版
2023年第二次印刷

出版：香港中文大學出版社
　　　香港 新界 沙田・香港中文大學
　　　傳真：+852 2603 7355
　　　電郵：cup@cuhk.edu.hk
　　　網址：cup.cuhk.edu.hk

The Unfinished May Fourth:
Historical Scenes and Intellectual Discourses (in Chinese)
　　By Chen Pingyuan

© The Chinese University of Hong Kong 2023
All Rights Reserved.

© Chen Pingyuan 2018
The Chinese edition is originally published by Peking University Press.
This revised edition is published by arrangement with Peking University Press, Beijing, China.
All rights reserved. No reproduction and distribution without permission.

ISBN: 978-988-237-287-0

First edition　　2023
Second printing　　2023

Published by　The Chinese University of Hong Kong Press
　　　　　　　The Chinese University of Hong Kong
　　　　　　　Sha Tin, N.T., Hong Kong
　　　　　　　Fax: +852 2603 7355
　　　　　　　Email: cup@cuhk.edu.hk
　　　　　　　Website: cup.cuhk.edu.hk

Printed in Hong Kong

目 錄

作為一種
思想操練的五四

人類歷史上，有過許多「關鍵時刻」，其巨大的輻射力量，
對後世產生了決定性影響。不管你喜歡不喜歡，你都必須
認真面對，這樣，才能在沉思與對話中，獲得前進的
方向感與原動力。對於二十世紀中國思想文化進程來說，
「五四」便扮演了這樣的重要角色。

多元並存
的五四時代

我喜歡用三個詞來描述「五四」的風采。
第一是「泥沙俱下」，第二是「眾聲喧嘩」，第三是「生氣淋漓」。
每一種力量都很活躍，都有生存空間，都得到了很好的展現，
這樣的機遇，真是千載難逢。

兩代人的
合力

晚清與五四，這兩代人在政治理念、人格理想、知識類型
以及審美趣味方面雖有很大差異，但基本上是走在同一條
大路上，且不知不覺中「合力」做成了一件大事，那就是
古典中國向現代中國的轉型。

五四的
闡釋和傳播史

一百年間，「五四」從未被真正冷落過，更不要說遺忘了。
我們不斷地賦予它各種意義，那些汗牛充棟的言說，
有些是深刻挖掘，有些是老調重彈，也有些是過度闡釋。

我的
五四之路

三個關鍵詞（KEYWORD）——
「關鍵時刻」、「觸摸歷史」、「思維操練」——
是我從事五四研究的基點，既是立場，也是方法。

附錄

序 言

　　去年 (2021) 初春，北大開啟「校友終身學習計劃」，第一講選擇我的「五四運動與北京大學」，據說是斟酌再三，既考慮講者，更顧及論題，希望能吸引盡可能多的校友，實現「開門紅」。預定播出時間是 2021 年 5 月 4 日上午 10 點至 12 點，可那個時間段我剛好有課，只好採取錄播的方式。

　　兩個小時的講座，主要面向全球的北大校友，沒有邊界，超越專業，不設答問。主辦者是北大校友總會，除了要求政治上穩妥，別的沒什麼禁忌。我做過中山大學北京校友會會長，深知校友之間因年齡、學科、職業、地位等差異，立場及趣味真的是千差萬別。涉及大的歷史闡釋與現實判斷，更是矛盾重重，用年輕人的話說，「友誼的小船說翻就翻」。既然沒辦法全面討好，那就照直說 —— 不考慮聽眾趣味，就用我平日講課的姿態。

　　講座的主體部分，借用了我的兩篇文章 ——〈危機時刻的閱讀、思考與表述〉(2019)、〈「少年意氣」與「家國情懷」〉(2010)，後面則引申開去，談論作為方法的「觸摸歷史」，以及作為功能的「思想操練」，順帶介紹我在北大出版社刊行的

《作為一種思想操練的五四》(2018)。最後一張PPT，談「為何不斷地跟『五四』對話」，用的是我書中的一段話：「其實，所有重大的歷史事件，也都是在這種不斷的對話中產生意義的。就像法國人不斷跟1789年的法國大革命對話、跟1968年的『五月風暴』對話，中國人也需要不斷地跟『五四』等『關鍵時刻』對話。這個過程，可以訓練思想，積聚力量，培養歷史感，以更加開闊的視野，來面對日益紛紜複雜的世界。」

講座內容屬於老話重提，只不過略加剪輯與發揮，說實話，我沒太用力，也未有大的期待。因我在北大為研究生開設過兩輪專題課「北京大學與新文化運動」(2015年秋、2018年秋)，修課學生以中文系為主，兼及人文及社科各院系，反響還可以，但說不上熱烈。學生的期末作業中規中矩，屬於專業化操作，我推薦了好幾篇在刊物發表。但有一點，無論聽課還是討論，學生們都過於平靜，似乎讀不出老師那些「壓在紙背的心情」。

真沒想到，這回面向全球北大校友演講，效果竟出奇的好。先是講座播出的當天下午，北大校友會副秘書長發來短信：「彙總的總流量為242,189。陳老師，這個數字遠遠超過我們的想像。更重要的是，很多地方校友組織紛紛詢問如何回看，因很多校友在旅遊，無法靜心看。對您和北大評價之高，讓我們都很感動。」這還只是當天的統計數字，事後應該還有回看的。果然，一周後，校友會秘書長告知，此講座的點擊量超過36萬，讓他們大喜過望。

而讓我「大喜過望」的則是，講座播出一個半小時後，我接到了香港中文大學出版社社長甘琦的電話，說她看了視頻很

激動，建議以此講座為基礎，製作一本小書。我半信半疑，漫而應之。作為聲名遠揚的出版家，甘琦早年畢業於北大歷史系，對母校以及對五四特別有感情，這很正常。可出版不僅僅是文化事業，還必須有商業方面的考慮。我在港中大教過書，也與香港三聯書店、中和出版社等多有合作，深知香港出版學術書籍之艱難。因此，發去她索要的講座PPT以及若干篇我談五四的文章，就此擱下，不再掛念。

未曾想，十個月後，甘琦居然來信，說疫情期間多有耽擱，但這書還是要做的，已安排好責編林驍與我聯繫。看了林驍發來的以講座為線索，穿插進好些我以前文章片段的製作方案，我不以為然，當即回了一封不太禮貌的信：

> 看了發來的書稿，知道你花了不少心思，希望盡可能適應香港讀者的趣味。可恕我直言，這個摘編而成的書稿，很可能上下都不著邊際，說雅不雅，說俗不俗。另外，還有個現實問題，你想收錄的那篇〈五月四日那一天〉，原是《觸摸歷史：五四人物與現代中國》的導言。三年前，香港中和出版社曾推出增訂版的《觸摸歷史：五四人物與現代中國》，現仍在版權期。

> 你跟甘琦商量，或者放棄此選題，因改造難度太大，且效果不見得好；或者以北大版的《作為一種思想操練的五四》為主幹，刪去對話與短文，增收這幾年新寫的文章。屬於小型的專題文集（15萬字左右），但不是普及讀物。

按常規，碰到我這樣不識抬舉的作者，十有八九，編輯會馬上放棄的。沒想到林驍不屈不撓，說這事可以商量，就照你的思路，改為刊行《作為一種思想操練的五四》增訂版。

難得碰到這麼認真執著的編輯，落實他們社長的指示，非要把這書做出來且做好不可。於是，我們進入具體的協商編輯流程。來回切磋了好幾次，終於敲定，所有文章重新編排，依內在邏輯而不是寫作時間，分成環環相扣的五輯：「作為一種思想操練的五四」、「多元並存的五四時代」、「兩代人的合力」、「五四的闡釋和傳播史」、「我的五四之路」。每輯文章前面，加一段從我文章中摘出來的「雋語」，既是警醒，也是路標，方便讀者進入。經由這一番調整，全書宗旨及整體思路顯得豁然開朗。

順便說一句，我原本建議刪去四篇訪談，但林驍認為應該保留。因為答問涉及許多話題，脫口而出，有很多精彩的判斷，「有些話說得比文章裏還痛快，刪了可惜」。可見我還是放不下「學問」與「文章」，而責編則從香港讀者角度考慮，更關注的是「話題」與「感懷」。

事後想想，她的考慮是對的。即便增加了七篇新作，此書依舊如初版序言所言，並非立論謹嚴的史著，而是帶有論戰性質的評說：「有論文，有隨筆，也有答問，只是在將『五四』作為思想的磨刀石這一點上，取共同立場。」可我並不因此而自卑。在一個專業化時代，談論五四這樣兼及歷史與現實的話題，我不僅需要撰寫多次獲獎且有英譯本的《觸摸歷史與進入五四》，也不憚超越專業視野，追求具有某種內在精神力量的

論述。這也是我之所以偏愛眼前這冊不怎麼專業、近乎「有我之學」的小書的緣故。

書中各文寫於不同時期，事先沒有統一規劃，落筆難免有些重複，此乃明顯的缺憾。但我想作為一個讀書人，談論五四這樣充滿思辨與激情的巨大話題，能有若干專業發現、三兩篇好文章，或十句八句精彩的話，能被記憶下來，乃至傳播開去，那就了不起了。

這本書的初版《作為一種思想操練的五四》2018年4月由北京大學出版社推出，這回的增訂版，增加〈危機時刻的閱讀、思考與表述〉、〈互相包孕的「五四」與「新文化」〉、〈新文化運動中「偏師」的作用及價值〉、〈直面核心文本〉、〈為何不斷與五四對話〉、〈從「觸摸歷史」到「思想操練」〉、〈我的「五四」百年〉等七文。關鍵不在於字數增加了一半，而是全書結構及精神面貌發生了巨大變化，這很大程度得益於香港中文大學出版社的立意、催促與支招，特此致謝。

最後，還必須說說我與港中大的奇妙因緣。1991年春，我曾以訪問學者身分在此研究三個月，那時來去匆匆，沒有多少感覺。2008年1月起，我有幸成為第五任港中大「中國語言及文學講座教授」，後因工作需要，改為北大與港中大雙聘，一直到2015年1月全職回歸北大。這期間，我為研究生講授的專題課，除了港中大特有的重頭戲「講論會」，再就是每學期內容迥異的「現代文學專題研究」，包括《中國新文學大系》研究、都市與文學、中國現代文學與文化、中國大學與中國文學、中國現代文學學科史、魯迅與胡適等。可以這麼說，幫港中大中

文系的研究生教育補上以五四為標誌的現代中國文學、教育、思想、學術，是我小小的貢獻。除了教學相長，與港中大教師及研究生也結下了深厚情誼，我還得以從容觀察這所名校的制度與文化。撰寫〈中文系的使命與情懷——二十世紀五六十年代北大、臺大、港中大的「文學教育」〉（《清華大學學報》，2014年第4期）這樣的專業論文，自然得益於港中大圖書館保存的檔案；至於為中國學界呈獻《大學小言——我眼中的北大與港中大》（香港：三聯書店，2014年4月；北京：三聯書店，2014年6月），以及〈內地／香港互參：中國大學的獨立與自信〉（《探索與爭鳴》，2014年第9期）、〈從「大俠」到「大學」——香港文化形象的嬗變〉（《南方周末》，2014年9月26日）等文，更是與我在港中大的教學經歷密不可分。

在港教書期間，我使用最多的生活設施，莫過於中大富爾敦樓的銀行、超市與書店——此書店集中銷售香港中文大學出版社出版物，我曾多次流連。如今，能廁身其中，我深感榮幸。

2022年5月20日於京西圓明園花園

附記：

考慮到香港讀者的歷史視野與閱讀興趣，經與甘琦、林驍協商，港中大推出的《作為一種思想操練的五四》增訂版，改書名為《未完的五四：歷史現場和思想對話》。這裏的「未完」，指的是未完成、未完美、未完結、未完待續等。

初版序言

　　碩士及博士階段專攻中國現代文學，自然而然，人生及學術路上，不斷與「五四」對話。談論小說敘事模式（《中國小說敘事模式的轉變》，上海人民出版社，1988），辨析現代學術轉型（《中國現代學術之建立》，北京大學出版社，1998），「五四」當然是重要的支點。至於直接討論新文化運動的，起碼有《觸摸歷史與進入五四》（北京大學出版社，2005；英譯本 *Touches of History: An Entry into 'May Fourth' China,* trans. Michel Hockx [Leiden · Boston: Brill, 2011]），以及《「新文化」的崛起與流播》（北京大學出版社，2015）。此外，還與夏曉虹合編過《觸摸歷史 —— 五四人物與現代中國》（廣州出版社，1999；北京大學出版社，2009）。清點下來，很遺憾，關於五四運動，我至今沒有總括性著作。其中一個重要原因是，我始終認定「新文化」是晚清與五四兩代人共同創造的（參見本書〈「新文化」如何「運動」——關於「兩代人的合力」〉）。這一兼及晚清與五四的思路，目前在學界仍屬邊緣，需打好地基，方能有大的建構。

　　除了收入本書的諸文，我還有若干關於「五四」的應景之作。說「應景」並無懺悔的意味，對於研究現代中國文學／文化／

思想／政治的學者來說，因「五四」而切入當下話題，乃責無旁貸。因為，就像我在別處說過的，「五四」之於我輩，既是歷史，也是現實；既是學術，更是精神。

本書所收十二文，長短及體例不一，有論文，有隨筆，也有答問。只是在將「五四」作為思想的磨刀石這一點上，取共同立場。答問部分夾雜個人閱歷與感受，明顯帶有主觀性。可即便是專業論文，也都是歷史研究與現實關懷相互纏繞。若〈「少年意氣」與「家國情懷」——北大學生之「五四記憶」〉與〈波詭雲譎的追憶、闡釋與重構——解讀「五四」言說史〉二文，自認頗為用力，且不無新意，可有心人照樣能讀出那些壓在紙背的心情。

在這個意義上，本書並非立論謹嚴的史著，而是帶有論戰性質的評論。也正因此，不列參考書目（只是隨文注出），也不強求體例一致。如此單刀直入，若能勾起讀者對「五四」的興致，進而閱讀、思考與爭辯，則本書「功莫大焉」。

2017 年 4 月 30 日於京西圓明園花園

未完的五四

作為一種思想操練的五四

為何不斷與五四對話

一

就像書名顯示的，這本新書的寫作，對我來說，也是一種思想操練。[1] 如此比喻，不是一時心血來潮，而是長期醞釀的結果。十三年前我出版《觸摸歷史與進入五四》，在〈導言〉中提及「人類歷史上，有過許多『關鍵時刻』，其巨大的輻射力量，對後世產生了決定性影響」。「對於二十世紀中國思想文化進程來說，『五四』便扮演了這樣的重要角色。作為後來者，我們必須跟諸如『五四』（包括思想學說、文化潮流、政治運作等）這樣的關鍵時刻、關鍵人物、關鍵學說，保持不斷的對話關係。這是一種必要的『思維操練』，也是走向『心靈成熟』的必由之路。」[2] 這段話，我在作為新書打頭的同題文章中有所引述，且做了進一步的發揮：

---

* 本文初刊於《文藝爭鳴》，第9期（2018）；人大報刊複印資料《中國現代、當代文學研究》，第12期（2018）轉載。

1 陳平原：《作為一種思想操練的五四》（北京：北京大學出版社，2018）。

2 陳平原：《觸摸歷史與進入五四》（北京：北京大學出版社，2005），頁3。

我的基本立場是：尊重古典中國的精神遺產，但更迷戀複雜、喧囂卻生氣淋漓的「五四」新文化。我曾說過：「就像法國人不斷跟1789年的法國大革命對話、跟1968年的『五月風暴』對話，中國人也需要不斷地跟『五四』等『關鍵時刻』對話。這個過程，可以訓練思想，積聚力量，培養歷史感，以更加開闊的視野，來面對日益紛紜複雜的世界。」[3] 在這個意義上，對於今日的中國人來說，「五四」既非榜樣，也非毒藥，而更像是用來砥礪思想與學問的「磨刀石」。[4]

不管是「思想操練」還是「磨刀石」，都只是比喻，且只可意會難以言傳。不過有一點，當我這麼表述的時候，與其說是對學界的要求，不如說是對自己的期待。實際上，我也正是在與五四的不斷對話中，逐漸提升自己的學問及精神境界。

1982年春，我開始在中山大學攻讀碩士學位，撰寫的第一篇學術論文即〈論白話文運動〉。為什麼學「中國現代文學」專業？因為77級大學生初入校門便躬逢思想解放運動，普遍認為自己的辦雜誌、寫文章、談國事等，是接著五四新文化人的。六十年一甲子，在精神上，1979是承接1919。為什麼從「白話文運動」入手，因不滿那時學界基於政治立場而對白話文運動主將胡適的刻意貶低，某種意義上，這也是在呼應現代

3　參見陳平原：〈走不出的五四？〉，《中華讀書報》，2009年4月15日。

4　陳平原：〈作為一種思想操練的「五四」〉，《探索與爭鳴》，第7期（2015），頁20–23。

文學界已經風生水起的「撥亂反正」。這兩點都很顯豁，過來人一眼就能看清。需要說明的是第三點，那時我正對美學感興趣，拒絕爭論〈文學改良芻議〉是不是形式主義。在我看來，形式不僅僅是技術問題，而是蘊涵著一個時代的意識形態以及一代人的審美感覺。因此，應該「不把文學形式看成單純的形式，而是看成積澱著豐富思想內涵的『有意味的形式』；不把文學形式革命看成單純的形式變更，而是看成整個社會價值標準和審美趣味的轉換」。[5]因剛剛入門，讀書不多，論述自然相當粗疏，但大思路還是可取的。而關注「有意味的形式」，日後甚至影響我的博士論文選題及寫作。談論小說的「敘事模式」而非「思想內容」，從形式角度來闡釋晚清及五四的文學革命，算是我對中國學界的一點貢獻。[6]

其實，更重要的是，我從此與「新文化」結下了不解之緣。唯一需要說明的是，我心目中的五四，不限於1919年，也不限於1917至1922年，我談五四，往往兼及晚清。在《中國小說敘事模式的轉變》的〈導言〉中，我談及為何「把梁啟超、吳趼人、林紓為代表的『新小說家』和魯迅、郁達夫、葉聖陶為代表的五四作家放在一起論述，強調他們共同完成了中國小說

---

5   陳平原：〈論白話文運動〉，《中山大學研究生學刊》，第3期(1982)；此文日後收入《在東西方文化碰撞中》(杭州：浙江文藝出版社，1987；上海：華東師範大學出版社，2014)。

6   初刊於《中國小說敘事模式的轉變》(上海：上海人民出版社，1988)，1995年獲教育部頒發的全國高校首屆人文社會科學研究優秀著作二等獎，2017年12月更獲得目前中國人文學界最重要的思勉原創獎(第四屆)。

吳趼人

敘事模式的轉變」。[7]十年後,在《中國現代學術之建立》的〈導論〉中,我再次強調:「晚清和五四兩代學人的『共謀』,開創了中國現代學術的新天地」。[8]而到了《觸摸歷史與進入五四》,依舊主張談論「五四」必須兼及「晚清」,「正是這兩代人的合謀與合力,完成了中國文化從古典到現代的轉型」。[9]如此學術立場,在中外學界,比較接近的是張灝先生。[10]

因主要關注晚清以降的思想、文化、文學、教育,我的大部分著作都會涉及五四,但真正以五四為主角的,是以下三書:《觸摸歷史與進入五四》、《「新文化」的崛起與流播》和《作為一種思想操練的五四》。略感遺憾的是,三書都是論文集,而不是起承轉合布局勻稱的專著。這裏沒有獨尊專著的意思,而是因中外學界關於五四的著作很多,我為了趨避而捨棄若干重要命題,不免有點可惜。

7   陳平原:《中國小說敘事模式的轉變》,頁30–31。

8   陳平原:《中國現代學術之建立——以章太炎、胡適之為中心》(北京:北京大學出版社,1998),頁5。

9   陳平原:《觸摸歷史與進入五四》,頁3。

10   參見陳平原:〈「新文化」如何「運動」——關於「兩代人的合力」〉,《中國文化》,秋季號 (2015)。

在《觸摸歷史與進入五四》的英譯本序中，我提及：「五四之所以能吸引一代代讀書人，不斷跟它對話，並非濫得虛名，主要還是事件本身的質量決定的。必須承認，一代代讀者都與它對話，這會造成一個不斷增值的過程；可只有當事件本身具備某種特殊的精神魅力以及無限豐富性，才可能召喚一代代的讀者。」但另一方面，我又表示擔憂：「過於熱鬧的『五四紀念』，誘使不同政治力量都來附庸風雅，導致『五四形象』誇張、扭曲、變形。」[11] 如此立說，不僅關注五四的實際內涵，更關注五四形象在整個二十世紀中國的影響、傳播與流變。也正因此，我的五四論述，不純然是史學研究，更包含思想辨析與現實論戰。

二

與研究唐詩宋詞或李白杜甫不同，談論五四的，不管左中右，都很容易與現實政治發生糾葛。北大百年校慶前後，我因將這所大學置於教育史、思想史、學術史的脈絡中考察，不能不牽涉其與五四運動千絲萬縷的聯繫。權威的《北京大學校史》將蔣夢麟校長推崇美國大學模式及其正規化教學思想，說成是為了配合國民黨的思想控制，我之表示不以為然，其邏輯起點是以教育而非黨派的立場來談論五四前後北大的得失。對於此

11　參見陳平原：《自序自跋》（北京：三聯書店，2014），頁197–198。

文的批評雖不太公正，但態度還算溫和。[12]接下來可就不一樣了，真的是風雨滿樓。我和夏曉虹合作主編的《觸摸歷史 ——五四人物與現代中國》(1999) 出版後，得到學界的普遍好評，1999年5月4日《中國圖書商報‧書評週刊》用一整版的篇幅予以介紹，且摘錄了若干配有頭像的人物點評，其中恰好沒有李大釗。這本是報紙編排及讀者趣味的問題，跟我們沒有任何關係。但有心人四處告狀，害得我不得不捧著原書，翻開第72至80頁，讓領導明白我沒有刻意抹殺李大釗。可這不管用，該來的還是來了。當年影響頗大的《中流》雜誌1999年第5期上發表〈好一個「五四不吃香了，怎麼辦？」〉，連〈北大校慶：為何改期？〉(《讀書》，第3期〔1998〕) 帶《觸摸歷史 —— 五四人物與現代中國》一起批，說我的論述框架是「國內外敵對勢力夢寐以求的」，而「真正的共產黨員，是不容許這樣的事情發生的」。[13]此文除了帽子特嚇人，還專門送達各有關部門，以致不只一位領導對我的「思想傾向」提出批評。好在北大校方大度，我的抗壓力也比較強，取消學術榮譽無所謂，只要能上課就行。也幸虧那時整個學術環境寬鬆，否則，這將可能成為一個年輕教授過不去的坎。

12　參見校史編者的〈就《北京大學校史》說幾句話 —— 順答陳平原君〉，《北京大學學報》，第3期 (1998)，以及陳平原：〈大學史的寫作及其他 —— 兼答《北京大學校史》編者〉，《讀書》，第2期 (2000)。

13　參見陳平原：《老北大的故事》增訂版 (北京：北京大學出版社，2015) 中的〈「觸摸歷史」之後〉和〈《北大精神及其他》後記〉。

同年，北大主辦紀念五四的國際學術研討會，季羨林、湯一介出面邀請海外客人周策縱、唐德剛、林毓生、陳方正、龍應台，以及上海的王元化等，到西山大覺寺繼續座談。王先生的《九十年代日記》(浙江人民出版社，2001) 詳細記載此事，對北京學者的過於懶散不無遺憾：「原來想讓大家各抒己見的計劃也就成為泡影了。下午大家坐在院中看茶道，實際只是在那裏休息而已。」王先生有所不知，那天座談會還沒開始，有關方面緊急叫停，勒令我們立即下山。軟磨硬泡，加上拍胸脯打包票，對方撂下一句話：若場面失控，出現反動言論，你們負責。此前的北大會議，已經鬧出很大風波，主持者日後為此寫了不少檢討。我們真是不知厲害，以為只是平常的朋友聚會，加上遊山玩水。會議由我主持，先請性格溫和、講話不出格的湯一介、王元化多說，下午則乾脆改為品茗聊天。我知道有嘉賓不滿意，但也只能這樣了，誰讓我們談的是敏感的五四。[14]

又過了十年，2009年4月，我在北大主辦「五四與中國現當代文學」國際學術研討會，同樣一波三折。會議是正式呈報且獲得學校批准的，可會前十天，有關部門還是把我找去，詳細審查大半天，問能否取消，我說來不及了；再問出現問題誰負責，我當即立下軍令狀。因我心裏有數，請來的學者都通情達理，說話會有分寸。會議第一天沒問題，第二天下午的提問

14　參見陳平原：〈在學術與思想之間——王元化先生的「九十年代」〉，《書城》，第12期 (2010)。

環節出了紕漏，有不速之客拿過學生手中的話筒，發表很不妥當的政治言論，我不得不當場制止，且要求與會代表千萬別擴散，否則我吃不了兜著走。

一、二十年後回頭看，這些都不過是茶杯裏的風波；可在當時，卻是很難跨越的障礙。這就談到關注五四話題，不管你有心還是無意，稍不留神就與現實政治掛鉤，或陰溝裏翻船，或成了風口上的小豬。這是一個風險與機遇並存、可能引領風氣也可能曲學阿世的學科。

談李白杜甫或儒家法家，也可能捲入政治漩渦（想想文化大革命的例子）。但比起五四話題來，還是保險很多。起碼被批評的人不會對號入座，你也較難借題發揮。《觸摸歷史與進入五四》第一章〈五月四日那一天——關於五四運動的另類敘述〉完成於1999年初，因兼及文學與學術，最初是給《十月》雜誌的，校樣都排好了，上版時被主編扣住。編輯很委屈，將主編批改過的校樣送我留念。真是不看不知道，一看嚇一跳。接二連三的紅線，一大堆的問號、感嘆號，最後的批示是：「為何這個時候大談學生運動！」言下之意，你別有用心。一旦人家認定你是在指桑罵槐，你是辯不清的，只會越抹越黑。問題在於，談五四，能完全繞開學生運動嗎？

有時候覺得很委屈，明明在討論歷史問題，也得盡量迴避敏感詞。原本十分豐富的話題，或相當深刻的見解，為了適應現實環境，你只能點到為止，不敢深入開掘。後世學者看我們，大概會覺得很奇怪，為何說話吞吞吐吐，好像智商有問題。但另一方面，作為人文學者，我也無法保證一旦禁忌完全

撤銷，就一定能比現在做得更好。某種意義上，帶著鐐銬跳舞，包含著自我克制，也蘊涵著學術激情，這是我們這代學人——尤其是中國現代文學研究者的宿命。

三

其實，每代人都有自己面對的困境與難題，就看你如何化腐朽為神奇。回應時代命題，正是晚清及五四新文化最為迷人的地方。白居易說「文章合為時而著，歌詩合為事而作」（〈與元九書〉），若非膠柱鼓瑟，是可以接受的。不要理解成趨時與媚俗，而是直面時代提出的難題，這就要求讀書人（知識者）既非清高，也不迎合。《作為一種思想操練的五四》一書，殿後的是〈整個二十世紀都是五四的時代〉，其中有這麼一段：「我猜測，三百年後再看，整個二十世紀，就是一個『五四』的時代。就像我們今天談啟蒙運動，或者看法國大革命一樣，都是餘波蕩漾，延續很長時間的。若用長時段的眼光，百年中國，波瀾起伏，有各種偶然因素及複雜性，但如何直面西潮衝擊，走出古典世界，這大趨勢是第一位的。」當初還有一個大判斷，沒收入此訪談錄中——回顧上下一千年的中國史，最有創造力的思想文化運動，非五四莫屬。

我特別感慨的是，沒有政權或經濟、軍事實力的支持，這兩代讀書人，只憑個人的志氣與良知，以及那點在那個時代尚可炫耀的象徵資本，居然打拚出一個新世界。後代讀者看他們的文章，欣賞其豪氣與才情，也會驚訝為何如此意氣用事。請

1919年6月3日，北京的大學生在街頭演講，並與警察交涉

別忘了，他們是在大霧彌天、身處邊緣的狀態下，以赤手空拳來肉搏這無物之陣。這可不是什麼人登高一呼，便大功告成，而是晚清以降眾多仁人志士艱苦奮鬥，一點一點地擠出來的獨立自由空間。這裏有天時地利人和，後世很難複製。我輩讀書至此，不說廢書長嘆，也只能心嚮往之。

一代代讀書人不斷地與五四對話，除了「鐵肩擔道義，妙手著文章」的志向，以及老掉牙的「民主與科學」口號，更包含身處危局如何安身立命的艱難選擇。不是所有危局都能轉化為生機，且最終發展成為歷史轉折的「關鍵時刻」的，這裏有浩浩蕩蕩的時代潮流，也有知識者能否挺身而出，抓住機遇，揮灑才情，書寫得意的篇章。有時是大勢不好，很難有所作為；有時則是當事人優柔寡斷，機會稍縱即逝。身處學院，自認飽

學之士的，往往苦於想到了，但沒能做到。晚清及五四新文化人的劍及履及，實在讓人羨慕。

俗話說，見賢思齊。我曾認真談論「晚清的魅力」、「與學者結緣」的方式，以及人文學者整天與古往今來第一流人物打交道，這種「尚友古人」的美妙。[15]你整天讀章太炎、梁啟超、蔡元培、陳獨秀、胡適與周氏兄弟等人的書，不能不對這些志向高遠的「有學問的文人」和「有文采的學者」感興趣。我說五四研究既是歷史也是現實，既是學術更是精神，指的就是這個。隨著中國學界專業化程度日益提升，今天的博士教授，都有很好的學術訓練，但在專業研究之外，有沒有回應各種社會難題的願望與能力，則值得懷疑。原本就與現實政治與日常生活緊密相連的中國現代文學專業，若失去這種介入現實的願望與能力，其功用與魅力將大為減少。把魯迅研究、胡適研究做得跟李白研究、杜甫研究一樣精細，不是我們現代文學學科的目標。經典化與戰鬥性，猶如車之兩輪，保證這個學科還能不斷往前推進。

關於這個問題，在不同時期，我有不同論述。比如談五四，1993年我寫了〈走出五四〉，2009年我又說〈走不出的「五四」？〉，2017年則是〈「五四」，永遠的精神標竿〉。立場之所以顯得有些游移，一是回應社會思潮，參與時代的對話；二是

15　參見陳平原：〈晚清的魅力〉，《美文》，第10期(1995)；〈與學者結緣〉，《文匯讀書週報》，1995年9月30日；〈人文學的困境、魅力及出路〉，《現代中國》，第9輯(2007年7月)。

不斷地進行自我調整，確立工作的意義及策略。除了話語方式的變化，也有不變的宗旨或根基。具體説來，便是以晚清及五四新文化人為榜樣，根據自家學養及工作性質，確定了兩套筆墨(專著與隨感)，三種身分(教授、學者、知識者)，以及四個支柱(學以救弊、學貴獨立、學在民間、學為政本)。這方面，有興趣的朋友，可以參閲我上世紀九十年代初寫的三篇文章：〈學者的人間情懷〉、〈當代中國人文學者的命運及其選擇〉、〈知識者介入社會的特殊途徑〉。[16]此後二十多年，雖有微調，但都在這一思路的延長線上。比如編輯民間刊物，組織學術叢書，討論學術規範，辨析大學精神，重建地方文化等，都是在尋求一個人文學者超越專業之外的工作意義。有專業但不囿於專業，能文章而不限於文章，這是我對自己的要求。這麼做，在當代中國大學評價體系裏，不僅不加分，説不定還會踩紅線。之所以甘之如飴，因那是我所敬仰的晚清及五四新文化人的立場及姿態。

16 參見陳平原：〈學者的人間情懷〉，《讀書》，第5期(1993)，收入《學者的人間情懷》(珠海：珠海出版社，1995)；《學者的人間情：跨世紀的文化選擇》增訂版(北京：三聯書店，2007)；〈當代中國人文學者的命運及其選擇〉，《東方》，創刊號(1993年10月)，收入《當代中國人文觀察》(北京：人民文學出版社，2004)；增訂版(北京：北京大學出版社，2010)；〈知識者介入社會的特殊途徑〉，《書城》，第3期(1996)，收入《當年遊俠人——現代中國的文人與學者》(台北：二魚文化，2003；增訂版，北京：三聯書店，2006)。

記得當年我出版《中國現代學術之建立》，[17]好些朋友撰寫書評，評價有高低，但都承認閱讀時很受感動。學術著作之所以能讓人感動，那是因為你談論的話題具有普遍性，且觸及一代人的敏感神經。讀者在閱讀時，不自覺地把自己的困境與經驗帶進去，與作者一起思考，一同探索。可這書在台灣出版時，有歷史系教授批評其專業性不夠。這裏有作者能力問題，但也與語境相關，相互隔膜之際，很難感同身受。這就說到人文學的意義與局限，你不能不貼著你賴以生存及耕耘的這塊土地思考與表達；可一旦這麼做，又可能讓局外人「無感」。

我深受五四新文化人影響，談及學問，對回應時代話題有很高的期待。十年前，我談人文學的困境、魅力及出路：「我想像中的人文學，必須是學問中有『人』——喜怒哀樂，感慨情懷，以及特定時刻的個人心境等，都制約著我們對課題的選擇以及研究的推進。做學問，不僅僅是一種技術活兒。假如將『學問』做成了熟練的『技術活兒』，沒有個人情懷在裏面，對於人文學者來說，是一個很大的悲哀。」[18]對於晚清及五四新文化，我不僅研究，而且追摹，雖不見得成功，但畢竟努力過了，有幾分精神遺存，這就夠了。

17　陳平原：《中國現代學術之建立——以章太炎、胡適之為中心》（北京：北京大學出版社，1998；台北：麥田出版社，2000）。

18　參見陳平原：〈人文學的困境、魅力及出路〉，載氏著：《讀書的「風景」——大學生活之春花秋月》（北京：北京大學出版社，2012），頁253。

　　最後說一句，之所以在這個時候推出《作為一種思想操練
的五四》，以及舉辦相關座談會，是為了五四運動一百周年。
明年的五四紀念，從政府到民間，將會有很多活動。基於我對
「五四言說史」的了解，明年的論述很難有大的突破，不太可
能是學術研究上的「大年」。在我有限的視野中，1939年的確
立「青年節」，有特殊的政治意義；1959年的徵集大量史料，
有很好的學術價值；1979年恰逢改革開放，兼及政治與學
術，成果最為豐碩。考慮當下的精神氛圍及學術範式，明年的
五四紀念，很可能是熱鬧有餘而成果不足。既然如此，那就避
開熱鬧，學民間過虛歲，我們提前紀念。

　　　　　　　　　　　　2018年7月24日於京西圓明園花園

走不出的「五四」？

　　你問我為何一直關注和研究「五四」，道理很簡單，對我來說，這既是專業，也是人生。我1978年春上大學，趕上思想解放運動，那時候，我們模仿五四時代的「新青年」，談啟蒙、辦雜誌、思考中國的命運。後來念研究生，學的是中國現代文學，那就更得跟「五四」對話了。其次，我在北大讀博士，畢業後長期在這所大學教書，而對於北大人來說，「五四」是個值得永遠追懷的關鍵時刻。無論學術、思想還是文章趣味，我自覺跟五四新文化血脈相通。第三，這也與我近年關注現代中國大學命運有關。最近十幾年，在文學史、學術史之外，大學史成了我另一個論述的焦點。在我看來，大學不僅僅是生產知識，培養學生，出科研結果，出各種「大師」，大學還有一個義不容辭的責任，那就是通過知識和思想的力量，介入到當代中國的社會變革裏。在我心目中，這是「好大學」的一個重要標誌。五四時期的北大，就是這樣的典型——它抓住了從傳統中國向現代中國轉折這麼一個千載難逢的好時機，將其

---

* 　　本文初刊於《中華讀書報》，2009年4月15日。

「才華」發揮到淋漓盡致。別看世界上那麼多一流大學，真有北大那樣的機遇、那樣的貢獻的，還真不多。在一個關鍵性的歷史時刻，深度介入、有效引領，乃至促成某種社會變革，五四時期的北大，讓後人歆羨不已。

我所學的專業，促使我無論如何繞不過「五四」這個巨大的存在；作為一個北大教授，我當然樂意談論「光輝的五四」；而作為對現代大學充滿關懷、對中國大學往哪裏走心存疑慮的人文學者，我必須直面五四新文化人的洞見與偏見。在這個意義上，不斷跟「五四」對話，那是我的宿命。

1993年，在北大中文系「紀念五四學術研討會」上，我發表了〈走出「五四」〉。在當時的我看來，就像所有光輝的歷史人物或歷史事件一樣，五四當然也有其局限性。就拿學術研究為例，「五四」所建立起來的那一套學術範式，可簡要概括為：西化的思想背景；專才的教育體制；泛政治化的學術追求；「進化」、「疑古」、「平民」為代表的研究思路。這一範式，對二十世紀中國學術、思想、文化建設，發揮了很大作用，但也產生了若干流弊。政治學家討論激進主義的利弊，歷史學家重評儒家文化的功過，文學史家反省平民文學崇拜，所有這些，都是力圖在學術層面上「走出五四」。

當然，這種提問題的方式，與八九十年代的學術轉型，應該說是有關係的。受歷史情境制約，有些問題你一時難以公開討論，無法像魯迅那樣「直面慘淡的人生」。但是，這一學術轉折，不完全繫於政治環境，也有其內在理路。八十年代流行宏大敘事，有理想，有激情，想像力豐富，但論述上稍嫌空泛。

我們滿腔熱情做的，就是用西學來剪裁中國文化；那些對於傳統中國痛心疾首的批評，有真知，也有偏見。最大的貢獻是，我們用濃縮的辦法，重新接納洶湧澎湃的西學大潮。之所以提「走出五四」，是想清理自己的思路。八十年代的口號是「撥亂反正」，哪裏是「正」，如何返回？一開始想恢復五六十年代的思想文化，後來發現，那是建立在「五四」論述的基礎上。於是，我開始清理從晚清到「五四」所建立起來的那一套思想及學術範式。

你問我為什麼把「晚清」和「五四」捆綁在一起討論？1990年代以前，學者普遍關注「五四」；1990年代以後，很多人轉而關注晚清。這是近二十年中國學術發展的大趨勢。我的立場有點特別，談論「五四」時，格外關注「五四」中的「晚清」；反過來，研究「晚清」時，則努力開掘「晚清」中的「五四」。因為，在我看來，正是這兩代人的合謀與合力，完成了中國文化從古典到現代的轉型。這種兼及「五四」與「晚清」的學術思路，使得我必須左右開弓——此前主要為思想史及文學史上的「晚清」爭地位；最近十年，隨著「晚清」的迅速崛起，學者頗有將「五四」漫畫化的，我的工作重點於是轉為著力闡述「五四」的精神魅力及其複雜性。

我可能是最早有意識地把晚清和「五四」捆綁在一起，加以認真辨析的學人。因為，我始終認為，就年齡而言，「晚清」和「五四」是兩代人；但在十九世紀末二十世紀初中國思想學術的轉折關頭，這兩代人面對同樣的問題，其知識結構與思想方式大同小異，可以放在一起討論。這還不算他們之間有很多

人是「誼兼師友」。大家不要以為，「五四」的時候，梁啟超他們已經退出歷史舞台，不再發揮作用了。其實，不是這樣的。我和夏曉虹主編的《觸摸歷史——五四人物與現代中國》，既談論「為人師表」的蔡元培、陳獨秀、李大釗、胡適，也涉及「橫空出世」的傅斯年、羅家倫、鄧中夏、楊振聲；還有就是梁啟超、康有為、章太炎、嚴復等人，同樣在五四新文化運動中發揮作用。兩代人之間，有區隔，但更有聯繫；尤其是放長視野，這一點看得更清晰。他們的工作目標大體一致，比如思想革命、教育改革、提倡白話文、接納域外文學等，很多想法是一脈相承的。在這個意義上，他們共同完成了這個社會轉型。因此，我更願意把這兩代人放在一起論述——既不獨尊「五四」，也不偏愛「晚清」。

當然，每代人都有自己的特點，上一代人和下一代人之間，總是會有縫隙，有矛盾，甚至互相爭奪生存空間和歷史舞台。問題在於，今天我們所理解的中國思想、學術、文化、文學的轉型，是在他們手中完成的。正因此，大家不太談晚清的

（從左至右）蔣夢麟、蔡元培、胡適、李大釗，攝於北京西山臥佛寺，1920 年 3 月 14 日

羅家倫，攝於 1920 年代

時候，我會強調晚清的意義；大家都來關注晚清，我就轉而強調「五四」的意義。在我看來，「晚清」與「五四」，本來就是一個不可分割的整體。

對於今天的中國人來說，不但「晚清」，連「五四」也是越來越遙遠了。人們對「五四」的真實面貌以及歷史場景，知道的越來越少，我們只記得一些抽象的概念，比如民主、科學、自由、平等。正因為越來越符號化了，曾經生機勃勃的「五四」，就變得不怎麼可愛了。

在我看來，「五四」複雜得很，不僅僅是革命與復辟、激進與保守、進步與倒退、國故與西學這樣的二元對立。若「回到現場」，你會發現，「五四」其實是個「眾聲喧嘩」的時代。只不過經由幾十年的闡釋，某些場景凸顯，某些記憶湮沒，今人所知的「五四」，變成某種力量的「一枝獨秀」，那很大程度緣於長期以來的意識形態宣傳以及歷史學家的誤導。

學生抗議運動還在餘波蕩漾，命名就已經開始了。具體說來，就是 1919 年 5 月 26 日《每週評論》第 23 期上，羅家倫用「毅」的筆名，發表了〈五四運動的精神〉。也就是說，「五四運動」這個詞，最早是由北大學生領袖羅家倫提出來的。事情還沒完全過去，運動中人就已經給自己進行「歷史定位」了，而且，這一定位還被後人接納，這是很罕見的。此後，五四運動的當事人，不斷地藉周年紀念，追憶、講述、闡釋這一「偉大

的愛國運動」。經由一次次的言說，關於五四的印象，逐漸被修正、被簡化、被凝固起來了。

　　當然，會有這麼一種情況，事件本身具有巨大的潛能，但因某種限制，缺乏深入的持續不斷的對話、質疑與拷問，使得其潛藏的精神力量沒有辦法釋放出來。比如說文化大革命，這絕對是個「重大課題」，只是目前我們沒有能力直面如此慘淡的人生。「五四」不一樣，幾乎從一誕生就備受關注，其巨大潛能得到了很好的釋放。九十年間，「五四」從未被真正冷落過，更不要說遺忘了。我們不斷地賦予它各種意義，那些汗牛充棟的言說，有些是深刻挖掘，有些是老調重彈，也有些是過度闡釋。說實話，我擔憂的是，過於熱鬧的「五四紀念」，誘使不同政治力量都來附庸風雅，導致「五四形象」誇張、扭曲、變形。

　　記得十年前，我曾帶著自己的學生，依據檔案、日記、報導和回憶錄，重構當年北大學生遊行的全過程。拿著自己畫的遊行路線圖，從沙灘北大紅樓出發，以尋訪者的身分，一路上指指點點、尋尋覓覓，順帶講述各種有趣的故事。到了天安門廣場，因正值「兩會」期間，警察很緊張，深怕我們圖謀不軌。

1999年3月9日，帶著學生重走當年北大學生遊行的路線（圖片來源：陳平原）

解釋了大半天，才放行；不過，催著快走，別停留。穿過東交民巷，轉往東單，再折向趙家樓。還敲了門，走進去跟老住戶聊天。那次「重走五四路」，北京電視台還派攝影追隨，做成了專題片，可惜播出時沒錄下來。

雖然每年都有紀念，但「五四」離我們還是越來越遙遠。希望弘揚「五四精神」的，以及主張打倒「五四傳統」的，好多都是在空中打架，沒有真正落到地面上來。我之所以試圖重建歷史現場，目的是恢復某種真切、生動、具體的歷史感覺，避免因抽象化而失去原本充沛的生命力。歷史事件早就遠去，但有些東西我們必須記憶。沒有大的歷史視野，只記得若干瑣碎的細節；或者反過來，沉迷在一些宏大敘事中，完全沒有生活實感，二者都不理想。我們需要有大視野，同時也需要具體的歷史細節。

看待歷史事件，每代人都會戴上自己的有色眼鏡，或者說「前理解」。這是所有歷史學家都必須面對的困境與宿命。「所有的歷史都是當代史」，這名言有其合理性；但沉湎於此，很容易變得自負、專橫。歷史學家所面對的，只是一堆五彩斑斕的「文明的碎片」；我們憑藉專業知識，力圖用這些有限的「碎片」來拼接、還原、重構歷史，這本來就有很大的危險性。你要是心高氣傲，根本不把古人放在眼裏，肆意揮灑自己的才情與想像力，不扭曲那才怪呢。我們確實無法完全呈現早就失落的歷史場景，但那就應該徹底捨棄嗎？作為訓練有素的觀察者，我們有義務努力穿越各種迷霧，走近／走進那個事件的內核，跟歷史對話。某種意義上，我們之「重返現場」，是知其不可而為之──借助這一尋尋覓覓的過程，跟五四新文化人

進行直接的心靈對話。這樣的「五四紀念」，既五彩繽紛，也充滿動感，還跟每個尋覓者的心路歷程聯繫在一起。這樣的「五四」，方才「可信」，而且「可愛」。基於這一信念，進入新世紀以後，我改變論述策略，努力「走進五四」。

你問為什麼？因為我覺得，「偉大的五四」越來越被懸置，高高地放在神龕上。這樣做，效果不好。長期以來，我們確有將「五四」過分神聖化的傾向。現在又反過來了，頗有用輕蔑的語調談論「五四」的——不就是幾千學生上街嗎，不就是燒房子打人嗎，有什麼了不起；再說，動作那麼粗魯，應追究刑事責任才對。面對如此「新解」，真不知道該怎麼回答才好。記得魯迅對國人不了解《儒林外史》的價值，曾發出這樣的感嘆：「偉大也要有人懂。」再偉大的事件、著作、人物，若沒有人真正跟它對話，沒有讓它回到人世間，就無法發揮真正的功力。人類歷史上，有很多關鍵時刻，不管你喜歡不喜歡，你都必須跟它對話。事件已經過去了，但是它會轉化成一種思想資料，不斷地介入到當下改革中。「五四」就是這樣的關鍵時刻。你可以從各種立場來談，從各個角度去看，但是你不能漠視它的存在。

為什麼需要不斷地跟「五四」對話？「五四」對我們來說，既是歷史，也是現實；既是學術，也是精神。不管你持什麼立場，是保守還是激進，面對著如此巨大的存在，你不能視而不見。

對於政治家來說，紀念「五四」，歷來都是把雙刃劍。從上世紀三四十年代起，我們不斷舉行此類活動。不同政治立場的人談「五四」，都有自己的引申發揮，有時甚至直接轉化成

政治行動。所有這些真真假假的言說、虛虛實實的紀念，同樣值得我們認真辨析。應該認真考量的是，哪些話說對了，哪些路走偏了，哪個地方應該固守傳統，什麼時候不妨「與時俱進」。北大因五四新文化運動而名揚天下，對此更是不容迴避。正因此，今年（2009）4月下旬，北大中文系主辦題為「五四與中國現當代文學」的國際學術研討會，報名參加的國內外學者有一百多位。平時我們開國際會議，都是三十人左右，那樣討論比較深入；這回破例，開這麼大規模的學術會，也是別有幽懷——希望回應學界對於「五四」的各種質疑與批評。

在一個開放的社會，有多種聲音是很正常的。第一，容忍並認真傾聽別人的批評；第二，有自己的堅持，不因外界壓力而改變。所謂「多元」，不是說沒有自己的主張；我是百家中的一家，必須把我的立場、觀點明確無誤地表達出來。不敢說出自己的真實想法，或者不屑於跟別人討論，都不對。「五四」當然不僅僅屬於北大，但北大無疑最為「沾光」。作為長期得益於「五四光環」的北大學者，我們必須認真面對「五四」這個巨大的精神遺產。當它被世人嚴重誤解的時候，你有責任站出來澄清、修正、拓展。當然，這不是什麼「堅決捍衛」。要是真的偉大，不必要你來捍衛；如果不偉大，你想捍衛也沒用，反而可能幫倒忙。

我們的任務是，讓「五四」這一話題浮出水面，引起世人的關注；在這個同樣關鍵的歷史時刻，重新審視「五四」。至於怎麼關注，從哪個角度進去，得出什麼結論，取決於個人的立場、視野、趣味，強求不得。有些東西，在特定時代會被有

意無意遮蔽，你的眼光穿不過去。這一代人力所不及，看不清楚的問題，也許下一代人就能看得很清楚。我希望不僅跟「五四」先賢對話，也跟同時代學者對話，甚至跟我的學生輩對話。以一種開放的心態，來面對如此複雜的政治/思想/文學運動，在不斷的對話中，獲得前進的方向感和原動力。

每代人都有自己的思想資源。我們這個時代的思想資源，無外乎兩大部分：第一，直接從西學引進的，從柏拉圖到馬克思到尼采到哈貝馬斯，等等，等等，這是一個很重要的思想資源。第二，那就是本土的思想學說。對所謂的「中國文化」，必須做一個分析。今天一說「傳統」，很容易就從孔夫子說起，甚至還有不少人相信「半部《論語》治天下」。對此，我很不以為然。什麼叫「傳統」，就是那些直接間接地影響我們的日常生活、思維習慣、表達方式、審美趣味的東西。所謂「傳統中國」，就是儒釋道，就是從孔夫子到孫中山；而且，這東西辛亥革命後就沒了，到此為止。想像「國學」跟「西學」截然對立，主張純粹的「中國性」，我以為都是不可取的。中國文化本來就不純粹，域外的思想學說，兩漢進來，隋唐進來，明清更是進來，早就滲透到我們的血液裏。除非你徹底封閉，否則的話，一種文化在發展過程中，不可能保持「純粹」狀態。就像人類的基因不斷稀釋、變異，那是生存的需要，也是保持新鮮活力的需要。

即使不說這個問題，你也必須理解，晚清以降，我們不斷跟西學對話，所創造、所積澱起來的「新傳統」，同樣值得我們關注。我承認，「五四」新文化人對於傳統中國的批判，有

些過於偏激,但我們必須理解「五四」那代人的基本立場,以及為什麼採取這樣的論述策略。

假如從第一次鴉片戰爭算起,一百多年來,我們的政治經濟文化等,無論主動還是被迫,都在跟西方接觸;而從政治家的毛澤東,到文學家的魯迅,各種各樣的人,也都以自己的方式,跟西學對話。如此激烈的思想碰撞,不是說轉就轉,說停就能停的;可以讚賞,也可以批判,但不能背過身去,假裝看不見。在我看來,這一中西文化碰撞的精神遺產,相當龐雜,也極為豐富,值得我們認真清理。我們賴以安身立命的,很可能正是這一塊。不能想像,我們整天跟二千五百年前的孔子對話,就能解決當下錯綜複雜的國內國際問題。我並不要求你認同「五四」新文化人的立場,但你必須面對他們提出的諸多困境與難題。請記住,過去的一百多年,中國人很長時間裏處於相當屈辱的境地。剛過上幾天比較舒坦的日子,就翹起二郎腿,嘲笑「五四」新文化人沒有風度,不夠從容,過於偏激,我以為是不明智的。不必專治近代史,但直面這一百多年的風雲激盪,理解歷史的沉重與詭異,可以磨礪自己的思想。切斷這段跌宕起伏的歷史,動輒從先秦講起,詩云子曰,然後直接跳到當下的「和諧社會」,這樣談論當代中國問題,其實很蒼白。

歷史久遠,很多粗糙乃至讓人噁心的東西,很可能早就被過濾掉了。因此,你所看到的「場景」,很優雅,具有合理性。文學也一樣,唐詩歷經千年淘洗,就剩這麼多,當然每首都精彩,值得今人格外珍惜。而新詩就不一樣了,每天都在生產,量那麼大,魚龍混雜是很自然的事。我沒說哪位新詩人比李白

杜甫更偉大，我只是強調時間對於人物、文章、思想、學說的淘洗作用。「五四」離我們那麼近，很多不如意的地方你看得很清楚，包括某些論述的暴力傾向，還有思想的陰暗或偏激等。古典中國的精神遺產，當然值得我們珍惜；但我本人更為迷戀複雜、喧囂但生氣淋漓的「五四新文化」。

你問我怎麼看待這場運動對今天中國的影響，對我們來說，「五四」已經是長期研究的積澱了，不能用三五句話來打發。因為，那樣做很暴力，且容易概念化。「五四」本來就是眾聲喧嘩，很難一言以蔽之。茅盾曾經用「尼羅河氾濫」來比喻「五四新文學」，我覺得很有道理。尼羅河氾濫，自然是泥沙俱下，當時很不好看，但給下游送去了廣袤的沃土，是日後豐收的根本保證。

經過一系列的對話與競爭，有些東西被淘汰了，有些東西逐漸佔據主流地位，成為主導社會前進的力量。承認這一現實，同時理解那個風雲變幻的過程，而不要急於撰寫「成王敗寇」的教科書。

說到底，歷史研究有其邊界，也有其局限性。我極為心儀「五四」，但從不指望它解決現實問題。關於「五四」的談論，即便十分精彩，對於今人來說，也只是多了一個參照系，幫助我們理解現代中國的豐富與複雜。如此而已，豈有他哉。不經由一系列錯綜複雜的思想轉化與制度創新，想用紀念/闡述某一歷史人物/事件來解決現實中國的諸多困境，那都是異想天開。

2009 年 3 月 28 日改定於京西圓明園花園

作為一種思想操練的「五四」

　　十年前，我在《觸摸歷史與進入五四》的〈導言〉中説過：「人類歷史上，有過許多『關鍵時刻』，其巨大的輻射力量，對後世產生了決定性影響。不管你喜歡不喜歡，你都必須認真面對，這樣，才能在沉思與對話中，獲得前進的方向感與原動力。對於二十世紀中國思想文化進程來説，『五四』便扮演了這樣的重要角色。作為後來者，我們必須跟諸如『五四』（包括思想學説、文化潮流、政治運作等）這樣的關鍵時刻、關鍵人物、關鍵學説，保持不斷的對話關係。這是一種必要的『思維操練』，也是走向『心靈成熟』的必由之路。在這個意義上，『五四』之於我輩，既是歷史，也是現實；既是學術，更是精神。」[1]十年後重讀這段話，我依舊堅持此立場。今天的主題演説，就談以下四個問題：第一，為什麼是「五四」；第二，風雨兼程説「五四」；第三、「走出」還是「走不出」；第四，如何激活「傳統」。

---

*　　本文初刊於《探索與爭鳴》，第7期（2015）。

1　　參見陳平原：《觸摸歷史與進入五四》（北京：北京大學出版社，2005），頁3。

一、為什麼是「五四」

晚清以降，面對「三千年未有之大變局」，一代代中國人奮起搏擊，風雲激盪中，出現眾多波瀾壯闊的歷史事件。有的如過眼雲煙，有的欲說還休，有的偶爾露崢嶸，有的則能不斷召喚閱讀者與對話者——「五四」無疑屬於後者。五四運動的規模並不大，持續時間也不長，為何影響竟如此深遠？我用以下三點理由，試圖做出解釋。

第一，五四運動的當事人，迅速地自我經典化，其正面價值得到後世大部分讀者（尤其是青年讀者）的認可。有的事件嚴重影響歷史進程，當初也曾被捧到天上，只是經不起後世讀者的再三推敲，逐漸顯現頹勢，甚至成了負面教材（如太平天國或文化大革命）。五四運動的幸運在於，剛剛落幕便被正式命名，且從第二年起就有各種各樣的紀念活動。可以這麼說，「五四」成了近百年來無數充滿激情、關注國家命運、理想主義色彩濃厚的青年學生的「精神烙印」。長輩們（政治家、學者或普通民眾）不管是否真心實意，一般不願意與青年直接對抗，故都會高舉或默許五四的旗幟。

第二，五四運動雖也有「起承轉合」，但動作幅度及戲劇性明顯不如八年抗戰。不過，後者黑白分明，發展線索及精神維度相對單純，不像前者那樣變幻莫測、豐富多彩。如果不涉及具體內容，我曾用三個詞來描述「五四」的風采。第一是「泥沙俱下」，第二是「眾聲喧嘩」，第三是「生氣淋漓」。每一種力量都很活躍，都有生存空間，都得到了很好的展現，這樣的機

遇，真是千載難逢。談論「五四」，對我來說，與其說是某種
具體的思想學說，還不如說是這種「百家爭鳴」的狀態讓我怦
然心動，歆羨不已。[2]

第三，某種意義上，五四運動的意義是「說出來」的。回
過頭來看，二十世紀中國，就思想文化而言，最值得與其進行
持續對話的，還是「五四」。一代代中國人，從各自的立場出
發，不斷地與「五四」對話，賦予它各種「時代意義」，邀請其
加入當下的社會變革；正是這一次次的對話、碰撞與融合，逐
漸形成了今天中國的思想格局。[3]有的事件自身潛力有限，即
便鼓勵你說，也不值得長期與之對話；有的事件很重要，但長
期被壓抑，缺乏深入且持續不斷的對話、質疑與拷問，使得其
潛藏的精神力量沒有辦法釋放出來。而五四運動的好處在於，
既有巨大潛力，又從未成為「禁忌」。

二、風雨兼程說「五四」

歷史上難得有這樣的事件，當事人的自我命名迅速傳播開
去，且得到當時及後世讀者的廣泛認可。塵埃尚未落定，
1919年5月9日《晨報》上已有北大教授兼教務長顧兆熊（孟餘）
的〈一九一九年五月四日北京學生之示威活動與國民之精神的

2　參見陳平原：〈走不出的「五四」？〉，《中華讀書報》，2009年4月15
　　日。

3　參見陳平原：〈《觸摸歷史與進入五四》英譯本序〉，載氏著：《觸摸歷
　　史與進入五四》（北京：北京大學出版社，2010），頁366。

潮流〉，5月26日《每週評論》則刊出學生領袖、北大英文系學生羅家倫的〈「五四運動」的精神〉，5月27日的《時事新報》上，張東蓀的〈「五四」精神之縱的持久性與橫的擴張性〉同樣引人注目——「潮流」、「運動」、「精神」，關於「五四」的命名與定性竟如此及時且準確。此後，一代代文人、學者、政治家及青年學生，便是在此基礎上建構有關「五四」的神話。

說「五四」不僅僅是歷史事件，更是近百年中國讀書人重要的思想資源、極為活躍的學術話題，甚至可以作為時代思潮變化的試金石，我相信很多人都能接受。美國學者舒衡哲在《中國的啟蒙運動——知識分子與五四遺產》第六章〈五四的啟示〉中，辨析新中國成立後官方對「五四」的看法，以及諸多紀念活動和回憶文章，還有同時期知識分子的抉擇與掙扎。這一章的結語很是悲壯：「『五四』不只被看作鼓舞知識分子勇士的精神食糧，它將成為照亮中國的政治文化生活的一把『火炬』。」[4]而我的〈波詭雲譎的追憶、闡釋與重構——解讀「五四」言說史〉則選用《人民日報》、《光明日報》、《中國青年》、《文藝報》等四種報刊，觀察其在五四運動三十周年、四十周年、五十周年、六十周年、七十周年以及八十周年時的社論及紀念文章，並將其與同時期的政治思潮相對應，看關於「五四」的言說如何隱含著巨大的政治風波、思想潛力以及道德陷阱。[5]

4　參見維拉·施瓦支著、李國英等譯：《中國的啟蒙運動——知識分子與五四遺產》(太原：山西人民出版社，1989)，頁352。

5　參見陳平原：〈波詭雲譎的追憶、闡釋與重構——解讀「五四」言說史〉，《讀書》，第9期 (2009)。

　　不說那些意味深長的「故事」，以我有限的閱歷，也都深知聚眾談「五四」，一不小心就會溢出邊界，介入現實的政治鬥爭。談論李白、杜甫孰高孰低，或者評說《金瓶梅》、《紅樓夢》的好壞，一般情況下是不會有太多聯想的 —— 文化大革命除外；可說「五四」就不一樣了，因相互誤讀或有心人的挑撥，隨時可能由平和的學術論爭一轉而成了激烈的政治對抗。關於1999年紀念「五四」的書刊及會議，我在若干小文中略有涉及，[6]實際狀況比這嚴重得多。以致2009年4月23至25日我在北大主辦「五四與中國現當代文學」國際學術研討會時，認真吸取十年前的教訓，從時間到議題到人員的選擇，都仔細斟酌，可還是一波三折。外面的人只曉得北大與五四運動關係密切，有責任扛這個旗子；不知道北大為了這個「責無旁貸」所必須承擔的風險。[7]可仔細想想，沒什麼好抱怨的，為什麼人家選擇在談論「五四」的會議而不是唐詩研究或金融會議上說大話喊口號呢？可見「五四」這個話題本身天然具有「政治性」—— 你想躲都躲不開。

　　近百年中國的風風雨雨，讓我輩讀書人明白，談論「五四」，不管你是沉湎學問，還是別有幽懷，都很容易自動地與

6　　如〈《北大精神及其他》後記〉，《書屋》，第6期(1999)；〈在學術與思想之間 —— 王元化先生的「九十年代」〉，《書城》，第12期(2010)。

7　　參見陳平原：〈《五四與中國現當代文學》序〉，見王風等編：《重回現場 —— 五四與中國現當代文學》、《解讀文本 —— 五四與中國現當代文學》、《對話歷史 —— 五四與中國現當代文學》(北京：北京大學出版社，2014)。

現實政治掛鉤，只不過有時順風順水，有時則難挽狂瀾。去年秋天，我選擇在進京讀書三十年這個特殊時刻，盤點零篇散簡，湊成一冊小書，交給北大出版社，約定今年（2015）春夏推出，以紀念現代史上最為重要的雜誌《新青年》（1915–1926）創刊一百周年。[8] 當時絕對想像不到，會撞上如此「新文化研究熱」。今年一年，我先後接到十多場紀念「五四」或新文化運動學術會議的邀請；其中，北京大學最為「立意高遠」，準備年年紀念，一直講到2021年中國共產黨創建一百周年。

如此大規模紀念「五四」新文化，背後推動的力量及思路不一樣，有的知其然而不知其所以然，有的只是盲目跟風，但我相信其中不少是深思熟慮的。官員我不懂，單就學者而言，之所以積極籌備此類會議，有專業上的考慮，更有不滿近二十年中國思想界之日漸平庸，希望藉談論「五四」攪動一池春水的。

三、「走出」還是「走不出」

如何看待早就沉入歷史深處、但又不斷被喚醒、被提及的「五四」，取決於當下的政治局勢與思想潮流，還有一代人的精神追求。1993年，我曾撰寫題為〈走出五四〉的短文，感嘆「在思想文化領域，我們至今仍生活在『五四』的餘蔭裏」；[9] 可十六

8　參見陳平原：〈《「新文化」的崛起與流播》序〉，載氏著：《「新文化」的崛起與流播》（北京：北京大學出版社，2015）。

9　參見陳平原：《學者的人間情懷》（珠海：珠海出版社，1995），頁69–74。

俞平伯

年後，我又撰寫了〈走不出的「五四」？〉，稱不管你持什麼立場，是左還是右，是激進還是保守，都必須不斷地跟「五四」對話。[10] 從主張「走出」到認定「走不出」（後者雖然加了個問號，實際上頗有安之若素的意味），代表了我對「五四」理解的深入。

促使我轉變思考方向的，除了《中國現代學術之建立》、《觸摸歷史與進入五四》等專業著作，還包括「五四老人」俞平伯的詩文，以及我前後兩次赴台參加「五四」學術研討會的直接感受。

1949年5月4日的《人民日報》第六版，刊登俞平伯、葉聖陶、宋雲彬、何家槐、王亞平、臧克家等文化名人紀念「五四」的文章，此外，還有柏生的〈幾個「五四」時代的人物訪問記〉。在採訪記中，俞平伯的回答很有趣：「五四」新文化人氣勢如虹，想做很多事情，「卻一直沒有認真幹（當然在某一意義上亦已做了一部分），現在被中共同志們艱苦卓絕地給做成了」；因此，這好比是三十年前的支票，如今總算兌現了。[11] 又過了三十年後，也就是1979年，俞平伯撰〈「五四」六十周年憶往

10　參見陳平原：〈走不出的「五四」？〉。

11　參見柏生：〈幾個「五四」時代的人物訪問記〉，《人民日報》，1949年5月4日。

事〉(十首),[12]除了懷念「風雨操場昔曾逢」以及「趙家樓焰已騰空」,再就是將「四五」比擬「五四」,稱「波瀾壯闊後居先」。最有意思的是第十章的詩後自注:「當時余浮慕新學,嚮往民主而知解良淺。」比起許多政治人物的宏論,我更認同詩人俞平伯的立場:曾經,我們以為「五四」的支票已經兌現了;其實,當初的「浮慕新學」與日後的「竹枝漁鼓」,均有很大的局限性。

1999年4月我赴台參加政治大學主辦的「五四運動八十周年學術研討會」,會後接受《中國時報》記者採訪,談及台灣民眾為何對「五四」不太感興趣,對方的解答是:「因為我們已經跨過了追求民主科學的階段。」當時我很懷疑,因為這很像1949年俞平伯「支票終於兌現了」的說法。2009年我赴台參加「五四文學人物影像」開幕式及相關論壇,發現年輕人對「五四」的興趣明顯提升。為什麼會有如此變化,除了各大學「中國現代文學」課程的講授外,還與普通民眾不再盲目樂觀有關。我曾對照海峽兩岸關於「五四」的想像與闡釋,既看異同,更注重相互影響:

> 最近二十年,海峽兩岸在如何看「五四」的問題上互相影響。台灣影響大陸的,是對激進主義思潮的批評,尤其不滿五四新文化人對傳統文化的批判;大陸影響台灣的,是新文學不僅僅屬於溫柔且文雅的徐志摩,必須直面魯迅等左翼文人粗糲的吶喊與刻骨銘心的痛苦。[13]

12　此組詩初刊《文匯報》1979年5月4日;又載《戰地增刊》,第3期(1979年5月)時,改題〈「五四」六十周年紀念憶往事十章〉,文字略有改動。

13　參見陳平原:〈「少年意氣」與「家國情懷」——北大學生的「五四」記憶〉,《光明日報》,2010年5月4日。

這裏說的主要是文學與思想，實際政治比這複雜多了。但不管怎麼說，輕易斷言我們已經走出「五四」的「餘蔭」或「陰影」，似乎都很不明智。

作為歷史事件的「五四」，早就翻過去了；而作為精神氣質或思想資源的「五四」，仍在發揮很大作用。這本是平常事，為何我會糾纏於「走出」與「走不出」呢？那是因為，五四新文化人的豐功偉績，某種意義上成了後來者巨大的精神壓力。比如，北大師生最常碰到的責難是：你們為什麼不再「鐵肩擔道義，妙手著文章」！如此「影響的焦慮」，導致我們談論「五四」的功過得失時，難得平心靜氣。其實，換一個角度，那只是一個與你長期結伴而行、隨時可以打招呼或坐下來促膝談心，說不定關鍵時刻還能幫你出主意的「好朋友」，這麼一想，無所謂「走出」，也無所謂「走不出」了。

四、如何激活「傳統」

中國人說「傳統」，往往指的是遙遠的過去，比如辛亥革命以前的中國文化，尤其是孔子為代表的儒家；其實，晚清以降的中國文化、思想、學術，早就構成了一個新的傳統。可以這麼說，以孔夫子為代表的中國文化，是一個偉大的傳統；以蔡元培、陳獨秀、李大釗、胡適、魯迅為代表的「五四」新文化，也是一個偉大的傳統。某種意義上，對於後一個傳統的接納、反思、批評、拓展，更是當務之急，因其更為切近當下中國人的日常生活，與之血肉相連，更有可能影響其安身立命。

　　人類文明史上，有時星光，有時月亮，有時螢火蟲更吸引人。改革開放三十多年來，「五四」的命運如坐過山車。上世紀八十年代，「五四」作為學習榜樣及精神源泉，深深介入了那時的思想解放運動；九十年代，「五四」作為學術課題，在大學及研究所得到深入的探究，但逐漸失去影響社會進程的能力；進入新世紀後，隨著「傳統」、「國學」、「儒家」地位的不斷攀升，「五四」話題變得有些尷尬，在某些學術領域甚至成了主要批判對象。而在日常生活中，你常能聽到好像「很有文化」的官員、商人、記者乃至大學校長，將今日中國所有道德困境，一股腦推給了「五四」的「反孔」。言下之意，假如沒有「五四」的搗蛋，中國不僅經濟上迅速崛起，道德及文化更是獨步天下。此類「宏論」之所以有市場，除了大的政治局勢與文化潮流，也與研究現代中國的學者們大都埋頭書齋，忙著撰寫高頭講章，而不屑於「爭論」有關。

　　我並不否認「五四」新文化人的偏激、天真乃至淺薄，但那是一批識大體、做大事的人物，比起今天很多在書齋裏條分縷析、口沫橫飛的批評家，要高明得多。[14]去年(2014)「五四」，我是這樣答澎湃新聞網記者問的：1919年的中國，各種思潮風起雲湧，諸多力量逐鹿中原，熱血青年只在救國救民、尋求變革這一點上有共識，至於旗幟、立場、理論、路徑等，

14　在我看來，「大國崛起」的過程中，缺的不是高度自信，而是如何保持清醒的自我認識，以及持續不斷的自我反省。在這個意義上，五四新文化人的「嚴於律己」而「寬於待人」，並沒有過時 —— 具體論述可以批判，但大方向我認為是正確的。

完全可能南轅北轍。日後有的成功了，有的失敗了，有的走向了反面，今人只能感嘆唏噓，不要輕易否定。經由一代代人的鈎稽與闡釋，那些長期被壓抑的聲音，正逐漸浮出水面；而那些陽光下的陰影，也日漸為後人所關注。如何看待林紓的捍衛古文、怎麼論述《學衡》之對抗《新青年》，以及火燒趙家樓之功過得失、學潮為何成為一種重要的政治力量、「五四」到底是新文化運動的推進還是挫折等，所有這些，不僅涉及具體人物評價，更牽涉大的歷史觀。這個時候，既不能抹殺已獲得的新視野與新證據，也不應該輕易否定前人的研究成果。通達的歷史學家，會認真傾聽並妥善處理「眾聲喧嘩」中不同聲部的意義，而不至於像翻烙餅一樣，今天翻過來，明天翻過去。在我看來，「五四」可愛的地方，正在於其不純粹，五彩斑斕，充滿動態感與複雜性。

我的基本立場是：尊重古典中國的精神遺產，但更迷戀複雜、喧囂卻生氣淋漓的「五四」新文化。我曾說過：「就像法國人不斷跟1789年的法國大革命對話、跟1968年的『五月風暴』對話，中國人也需要不斷地跟『五四』等『關鍵時刻』對話。這個過程，可以訓練思想，積聚力量，培養歷史感，以更加開闊的視野，來面對日益紛紜複雜的世界。」[15] 在這個意義上，對於今日的中國人來說，「五四」既非榜樣，也非毒藥，而更像是用來砥礪思想與學問的「磨刀石」。

今年 (2015) 各地學人幾乎不約而同地紀念五四新文化運動，在我看來，這既是大好事，也不無隱憂。因為，任何一個

15　參見陳平原：〈走不出的「五四」?〉。

偶然因素，都可能使這「熱潮」戛然而止。[16]能否堅持正常的學術論爭，包括與新儒家或國學家之間，改「隔山打牛」為「打開天窗說亮話」，有擔當而又不越界，是此次大規模紀念活動能否持續且深入展開的關鍵。以紀念《新青年》誕辰百年為開端，重新喚起民眾對於「五四」的記憶，接下來的幾年，只要不因觸碰紅線而引起激烈反彈，有國內外眾多學者的積極參與，不僅可以直接影響大眾輿論及某些具體專業（如中國現代文學史、思想史、文化史等）的發展，更可能重塑當代中國的精神氛圍及知識版圖。基於此判斷，如何兼及自信與自省、書齋與社會、思想與學術、批判與建設，將是我們必須直面的難題。

這是一個難得的歷史機遇，除了堅守自家學術立場，不隨風擺動外，還得有進取心，直接回應各種敏感話題（包括狙擊打著國學旗號的「沉渣泛起」）。某種意義上，這是對此前三十年「五四話題」升降起伏的一個反省：或許，談「五四」本就不該局限於書齋，解時代之惑乃題中應有之義。

2015 年 6 月 17 日初稿
7 月 3 日修訂於京西圓明園花園

16　在中國大陸談五四運動，表面上順理成章，其實潛藏著一個巨大的陷阱：那就是有心人的借古諷今，以及官員們的過度聯想。

多元並存的五四時代

危機時刻的閱讀、思考與表述
——紀念五四運動一百周年

　　國家危難之際，學生們走出平靜的書齋，奮起抗爭，積極干政，與當局發生激烈碰撞，此所謂「學潮」。學潮古已有之，只是在二十世紀中國得到了發揚光大，成了一種重要的政治力量與風向標誌。這裏既有「三代遺風」的歷史記憶，但更多的是西學東漸之後教育體制、思想潮流以及政黨鬥爭的結果。值得注意的是，自古以來，學潮罕見有好結局的，或孤掌難鳴，或悲壯慘烈，雖在政治史上留下了印記，當事人卻大都只能仰天長嘆。五四是個例外，相對來說，整個溫順平和多了——政府逮捕了學生，但很快釋放，且出席巴黎和會的中國代表團拒絕簽字，學潮於是完滿收官。學生呈現了強大的理想與激情，政府也展示了某種誠意，雙方妥協的結果，使得五四成為中國歷史上犧牲最小、成果最大、影響最為深遠的一次學潮。

　　1919年5月4日三千大學生天安門前集會遊行，那只是冰山一角。這次學潮最值得注意的，不在其規模或激烈程度，而

---

*　　本文初刊於《二十一世紀》，4月號 (2019)；節本刊《探索與爭鳴》，第5期 (2019)；《高等學校文科學術文摘》，第4期 (2019) 轉載。

在於「有備而來」。這裏指的不是有綱領、有組織、有領導（恰好相反，此次學潮的參與者有大致相同的精神傾向，但無統一立場與領導），而是制度基礎以及精神氛圍已經釀成，「萬事俱備，只欠東風」。巴黎和會不過是一個觸媒，或者說一陣不期而至的「東風」，使得啟蒙思潮下逐漸成長起來的大、中學生們的「愛國心」與「新思想」噴薄而出。而由此樹立的一種外爭主權、內爭民主的反叛形象，召喚著此後一代代年輕人。

在這個意義上，就「五四」談「五四」是不得要領的，必須拉長視線，或往後梳理一百年來「五四」因不斷被紀念與闡釋，而成為一種重要的思想資源；或往前追溯晚清以降「新文化」是怎樣逐步積聚能量，並最終破繭而出的。

關於五四運動的時間跨度，確實「是一個混亂的問題」。[1]目前的主流意見，或從《新青年》創辦的1915年、或從《新青年》與北京大學結盟的1917年說起；至於終點，或1922年，或1925年，也都各有說頭。本文堅持我的一貫立場，談五四而從晚清說起，甚至平視晚清與五四，將二者「混為一談」。[2]

1　參見周策縱著、周子文等譯：《五四運動——現代中國的思想革命》（南京：江蘇人民出版社，1996），頁6。

2　採取這一學術立場的，包括美國學者張灝以及始終生活在中國大陸的我。思辨程度與操作方式不太一樣，但殊途同歸，都主張將1890年代至1920年代這三十年作為一個整體來把握與闡釋。參見陳平原：〈「新文化」如何「運動」——關於「兩代人的合力」〉，《中國文化》，秋季號（2015）。

一、危機感的積累與傳播

作為一個文化／政治符號，「五四」從一誕生就被強烈關注，[3] 近百年來更是吸引無數研究者的目光。也正因此，每代學人談五四，都不是無的放矢，都會有自己的問題意識與感懷。對此，我的解釋是：「『五四』對我們來說，既是歷史，也是現實；既是學術，也是精神。」[4]

本以為這是理所當然的，沒想到在與年輕一輩接觸時，碰了個軟釘子：學生們說，那是你們的姿態，很美好，但與我們無關；我們不談五四，照樣活得好好的。凡在大學教書的，大概都會感覺到，今天的大學生乃至研究生，與十年前、二十年前大不一樣。或自認已經超越，或坦承無法進入，反正，「五四」不再是年輕一輩急於體認、溝通或對話的對象。早些年還會嘲笑陳獨秀的獨斷、錢玄同的偏激，或者胡適的「兩隻蝴蝶」，如今連這個都懶得辯了。似乎，「五四」這一頁已經翻過去了，除非撰寫專業論文，否則沒必要再糾纏。

3　歷史上難得有這樣的事件，當事人的自我命名迅速傳播開去，且得到當時及後世讀者的廣泛認可。塵埃尚未落定，1919 年 5 月 9 日《晨報》上已有北大教授兼教務長顧兆熊（孟餘）的〈一九一九年五月四日北京學生之示威活動與國民之精神的潮流〉；5 月 26 日《每週評論》則刊出學生領袖、北大英文系學生羅家倫的〈「五四運動」的精神〉，5 月 27 日的《時事新報》上；張東蓀的〈「五四」精神之縱的持久性與橫的擴張性〉同樣引人注目——「潮流」、「運動」、「精神」，關於「五四」的命名與定性竟如此及時且準確。此後，一代代文人、學者、政治家及青年學生，便是在此基礎上建構有關「五四」的神話。

4　陳平原：〈走不出的「五四」？〉，《中華讀書報》，2009 年 4 月 15 日。

　　二十年前，有感於五四「只剩下口號和旗幟」，我努力勾稽各種細節，以幫助讀者「回到現場」；十年前，針對國人對於「連續性」的迷信，我努力分辨「大至人類文明的足跡，小到現代中國的進程，都是在變革與保守、連續與斷裂、蛻化與革新的對峙、抗爭與掙扎中，艱難前行」。[5] 今天談論五四的最大障礙，則在於年輕一輩的「無感」。雖然也常起立唱國歌，但所謂「中華民族到了最危險的時候」，早就被拋到了九霄雲外。相信「偉大復興」就在眼前的年輕一輩，很難體會百年前讀書人的心境與情懷。

　　講文學史時提及五十七則《吳趼人哭》，以及劉鶚《老殘遊記》開篇的危船，或眾多文人學者認真談論「亡國滅種」的可能性，學生們會覺得很可笑，怎麼會如此杞人憂天呢？殊不知，那是晚清及五四兩代人真實的感受。講授此類課程，第一步是借助檔案、詩文及圖像，把學生們從太平盛世的夢幻中警醒，拉回到那風雨如晦的年代，這才可能有設身處地的閱讀與感受。就好像從來豐衣足食的人，你要他／她深刻體會「飢餓」的感覺，不是一件容易的事。可這一步必須跨過去，否則很難讓已被「厲害了，我的國」洗腦的年輕一輩，真正理解晚清以降無數愛國志士的思考與表達。

5　　參見陳平原：〈觸摸歷史與進入五四〉，收入國立政治大學文學院編：《五四運動八十周年學術研討會論文集》（台北：國立政治大學文學院，1999）；陳平原：〈何為／何謂「成功」的文化斷裂——重新審讀五四新文化運動〉，《南方都市報》，2008年11月14日。

　　那可不是平靜書齋裏的玄思，而是危機時刻的文化及政治選擇。首先是一代人不可抑制的危機感的萌現。「這種自我懷疑從傳統政治秩序的外表向內核的深入，可從十九世紀後半期改良主義思想的逐步展開中清楚地得到證明。」[6]任何時代都有陽光照不到的角落，也都有不討人喜歡的梟聲。問題在於，甲午戰敗以後的中國，其危若累卵的局面被逐漸揭示。經歷戊戌變法失敗、庚子事變爆發、辛亥革命落空、袁世凱稱帝等眾多生死攸關的關卡，平心而論，巴黎和會與山東問題，不算是近代中國最為嚴重的危機。

　　這就說到危機感的累積與傳播。一次次國家危機，累積而成迫在眉睫的亡國之憂；而個別先覺者的心理感受，只有傳染開去，才會成為真正的社會危機。從晚清到五四，這種對國家失敗的不滿與怨恨，透過各種大眾傳媒與文學作品，得到廣泛的傳播。所以，與其說巴黎和會是中華民族最危險、最屈辱的時刻，不如說因新媒體的產生，危機意識得以迅速蔓延；因新思潮的蕩漾，年輕一輩的愛國心被喚醒；因新教育的壯大，大中學生作為一種新生力量正在崛起。

　　單純的危機感並不構成政治變革的強大動力，必須是新的力量及可能性出現，方才可能讓個體的精神苦悶轉為群體的積極行動。戊戌變法失敗後，眾多新政被取消，唯獨京師大學堂照樣開辦。雖然一路走來磕磕碰碰，但晚清開啟的廢科舉開學

6　　張灝著、高力克等譯：《危機中的中國知識分子：尋求秩序與意義》
　　　（太原：山西人民出版社，1988），頁7。

堂，不僅在教育史，而且在政治史上，都是重大的突破。三十
年後，走上街頭表達政治願望，推進五四運動的，不僅是北大
學生，還有眾多師範、女學以及受過教育的外省青年。梁啟超
的〈少年中國說〉、陳獨秀的〈敬告青年〉以及李大釗的〈青春〉，
並非泛泛而論，而是特指受過教育的、有可能被喚醒的、充滿
理想與激情的青少年。

　　胡適晚年多次將五四運動稱為「一場不幸的政治干擾」，
因為「它把一個文化運動轉變成一個政治運動」。[7]但在我看來，
文化與政治之間，本就剪不斷、理還亂，以為靠當事人的主觀
意圖就能保證文化運動不與現實政治發生關係，那實在過於天
真。[8]所有文化及政治運動——尤其是兩者兼而有之的學潮，
一旦啟動，受各種力量的牽制而變幻，最終往哪個方向發展、
在什麼地方止步，非發動者所能預測與控制（即便「偉大領袖」
發動無產階級文化大革命，也都無法做到收放自如）。

　　所有的文化╱政治運動，都不是無菌的實驗室，絕難精密
規劃。某種意義上，「摸著石頭過河」是常態，設計完美的社
會改革，往往事與願違。晚清起步的新文化，一腳深一腳淺，
走到了五四這個關口，拐一個彎，借助「愛國」、「民主」與「科
學」的口號，迅速獲得了社會認可。這確實不是梁啟超或陳獨
秀、胡適等人事先設計好的，而是因緣際會，師生攜手，竟然
打出一個新天地。不過，若將五四運動講成了一個環環相扣、

7　　參見唐德剛譯：《胡適口述自傳》（北京：華文出版社，1992），頁206。

8　　參見陳平原：《中國現代學術之建立——以章太炎、胡適之為中心》
　　　（北京：北京大學出版社，1998），頁130–131。

井井有條的故事，反而顯得不太真實，也不可愛。在我看來，這屬於「危機時刻」的當機立斷，所有決策未經認真細緻的路徑推演，並非當事人預先設計好的。情急之下，有什麼武器操什麼武器，哪個理論順手用哪個，正是這種「慌不擇路」，決定了晚清及五四那兩代人的閱讀、思考與表達。

二、雜覽與雜學的時代

作為「過渡時代」，晚清及五四的最大特徵是中西混合、新舊雜糅。就像李伯元《文明小史》描寫的，活躍在上海灘上的賈子猷（假自由）、賈平泉（假平權）、賈葛民（假革命）們，因私欲及眼界所限，往往將真經念歪了。比如，以西餐標榜新潮，以為這就是文明時代的標配。晚清小說及畫報中，因而常常出現番菜館的招牌以及吃西餐的場景。《文明小史》第十八回（上）的插圖很有戲劇性：前景吃西餐，後景抽鴉片，二者同台競技，且有很好的經驗交流。小說描寫此「奇觀」，插圖將其直觀呈現，再加上自在山民的評語：「以吃鴉片為自由，以吃牛肉為維新，所謂自由維新者，不過如此，大是奇談。」[9]這當然是惡謔。不過，在時人眼中，西方文明的傳入，確實伴隨著飲食方式的雜交與變異。因此，說「西餐」是一種顯而易見、觸手可及、好吃好玩的「西學」，也未嘗不可。

9　參見薛正興主編：《李伯元全集》，第一卷（南京：江蘇古籍出版社，1997），頁130。

　　隨著人員、物資以及文化交流的日漸頻繁，飲食的多樣化是必然趨勢。若將這種趨勢稱之為「雜食」，則應包括原料、製作、品味乃至就餐方式等。與之相對應的，是學習方式的變化，即「雜覽」逐漸成為主流。從雜食到雜覽，再到雜學、雜家，可以看出整個時代的生活及閱讀風向。

　　先有考試方式的變化，後是科舉制度的廢除，傳統中國讀書人的「皓首窮經」，失去了制度保證，自然迅速衰落。隨之而來的，是努力適應瞬息萬變的新時代，閱讀因而變得急切、隨意、零碎與偶然。其中一個重要原因是，新式學堂剛剛起步，到底該如何教、怎麼學，大家都沒有經驗。單看章程，如《欽定高等學堂章程》(1902)、《欽定京師大學堂章程》(1902)、《奏定高等學堂章程》(1903)、《奏定大學堂章程》(1903) 等，規劃嚴整，像模像樣，可那都是抄來的。若大學堂裏的「文學科大學分九門」，含中國史、萬國史、中外地理、中國文學、英國文學、法國文學、俄國文學、德國文學、日本文學等學門，[10]完全是紙上談兵。因為，「京師大學堂的各分科大學，正式成立的時間遲至1910年；而且，文科大學中真正開設的，也只有中國文學和中國史學兩門」。[11]而且，接下來好幾年，因戰亂及經費短缺，無論北京大學還是其中國文學門，都在生死線上苦苦

10　參見舒新城：《中國近代教育史資料》，中冊（北京：人民教育出版社，1961），頁588。

11　參見陳平原：〈新教育與新文學 —— 從京師大學堂到北京大學〉，收入陳平原、王守常、汪暉主編：《學人》，第14輯（南京：江蘇文藝出版社，1998），頁20。

掙扎。[12]最高學府尚且如此，其他學校可想而知。專上學校的學生本就不多，[13]看當年的教材及課程設計，學校實在沒能提供系統且良好的教育。[14]

舊的教育體制已被打破，新體制及師資建設仍在路上，晚清至五四時代的青年學生，更多地得益於自由閱讀，而不是學校的系統訓練。那個時代的讀書人，大都不為學堂章程所局限，閱讀時兼及中西、新舊、雅俗，故呈現博而雜的知識結構。即便有機會出國留學的，真拿到專業學位且沒有轉行的，

12　1912年5月3日京師大學堂改為北京大學校，嚴復於是成了北大首任校長。因爭取辦學經費沒有著落，加上教育部義正辭嚴的訓令，不善政務的嚴復，留下一封〈論北京大學不可停辦說帖〉，掛冠而去。接下來，走馬燈似的，從10月至12月，臨時大總統先後任命章士釗、馬良、何燏時為北大校長。原京師大學堂工科監督何燏時，接任北大校長後碰到一系列難題，先是學潮不斷，後又經費無著，再加上教育部規劃將北京大學與北洋大學合併，何校長1913年6月申請辭職，終於在11月獲批。任期不到一年的何校長，同樣留下了一則反對停辦北京大學的呈文。至於1913年北大中國文學門的困境，參見陳平原：《作為學科的文學史——文學教育的方法、途徑及境界》(北京：北京大學出版社，2016)，頁290–291。

13　1919年5月4日那天參加遊行的，有來自北京十三所專門以上學校的學生三千名左右。根據5月5日學生〈上大總統書〉的自述，以及約略與此同時的靜觀所撰〈北京專門以上學校新調查〉(《申報》，1919年7月12日)，這十三所學校共有學生7,430人。而當時北京有專上學校二十五所，按現有數字統計，學生約11,000人。這個數字，與5月4日那天學生遞交給美國公使的英文說帖的落款「北京高等以上學校學生一萬一千五百人謹具」大致相符。

14　以北京大學中國文學門(系)為例，新文化運動興起是個分水嶺，此前開設課程很少，教材也都乏善可陳，參見陳平原：〈新教育與新文學——從京師大學堂到北京大學〉。

實在少得可憐。那是一個不怎麼「講專業」的時代，大家都渴望獲得新知，「雜覽群書/報」成為常態。這既是他們的長處，也是其短處。

與此前根柢六經的儒生不同，也與此後術業專精的學者迥異，這是雜食/雜覽/雜學的一代，教育體制及新式學堂的稚嫩，決定了那代人的知識結構——視野開闊，博採旁收，思維活躍，淺嘗輒止。這很容易讓人聯想起傳統中國「於百家之道無不貫通」的「雜家」。作為一個哲學流派，春秋戰國時代的雜家，名聲並不顯赫。而後世文人學者談「雜家」，更是將其與「顯學」、「大道」、「通才」、「純儒」相對立，帶有明顯的貶抑意味。單就不拘門戶擁抱新知這一點而言，晚清及五四那兩代讀書人，頗有雜家之風。讀書以廣博而非深邃見長，學問切己而不是精細，立說不求圓融，多有感而發，故稜角分明、生氣淋漓。至於說獨創性或體系嚴密，則又未必。

晚清的梁啟超以及五四的周氏兄弟，應該說是那個時代讀書最認真，視野最廣博，著述也最為勤奮的了。關於梁啟超某文某書是否抄襲的爭議由此已久，但學界一般認為此乃過渡時代的必然產物，作者以「覺世」而非「傳世」為主要標的，對於外國的思想、學說、文風多有借鑑，不能以今天謹守知識產權的標準來衡量。[15]至於魯迅1907年撰寫並刊登在第二年第二、

15　參見夏曉虹：《晚清的魅力》（天津：百花文藝出版社，2001），頁66–70；《覺世與傳世——梁啟超的文學道路》（北京：中華書局，2006），頁247–259。

三期《河南》上的〈摩羅詩力說〉，學界普遍給與高度評價，不說文字古雅或立場激進，單是其視野之開闊，也都令人震撼。表彰十九世紀歐洲眾多「無不剛健不撓，抱誠守真，不取媚於群，以隨順舊俗；發為雄聲，以起其國人之新生，而大其國於天下」的傑出詩人，[16] 評價大致準確，若無廣泛的閱讀與借鑑，那是不可想像的。[17] 周作人在北大講授《歐洲文學史》，從1917年9月22日上午開始起草講義，到1918年6月7日晚上完稿，再到同年10月列為「北京大學叢書之三」由商務印書館刊行，實在可用「神速」二字來形容。多年後，作者謙稱：「這是一種雜湊而成的書，材料全由英文本各國文學史，文人傳記，作品批評，雜和做成，完全不成東西，不過在那時候也湊合著用了。」[18] 該書論述確實不夠深入，頗有將前人成果「拿來作底子」的，但這畢竟是中國人編寫的第一部歐洲文學史，代表著當時學術研究的最高水平，因而依舊值得表彰。[19]

經學時代已經過去了，新時代的讀書人，即便有教材或辭典的引導，也都得靠自己摸索，讀書駁雜於是成了那代人的共

16　參見魯迅：《墳‧摩羅詩力說》，收入《魯迅全集》，第一卷（北京：人民文學出版社，1981），頁99。

17　參見北岡正子著、何乃英譯：《摩羅詩力說材源考》（北京：北京師範大學出版社，1983）。與此類似的有《人之歷史》、《科學史教篇》，參見中島長文：〈藍本《人間の歷史》〉，《滋賀大國文》，第16、17卷（1978、1979），頁118–127；宋聲泉：〈《科學史教篇》藍本考略〉，《中國現代文學研究叢刊》，第1期（2019），頁143–150。

18　周作人：《知堂回想錄》（石家莊：河北教育出版社，2002），頁426–427。

19　參見陳平原：《作為學科的文學史──文學教育的方法、途徑及境界》，頁60、109。

同特點。在這個意義上，雜覽、雜學或雜家，不再是貶義詞。
1944年周作人撰《我的雜學》，開篇引《儒林外史》第十八回關
於「雜學」、「雜覽」的議論，接下來是先抑後揚的引申發揮：

> 我平常沒有一種專門的職業，就只喜歡涉獵閒書，這豈不
> 便是道地的雜學，而且又是不中的舉業，大概這一點是無
> 可疑的……至於說好的，自然要感謝，其實也何嘗真有
> 什麼長處，至多是不大說誑，以及所說多本於常識而已。
> 假如這常識可以算是長處，那麼這正是雜覽應有的結果，
> 也是當然的事，我們斷章取義的借用衛先生的話來說，所
> 謂雜學倒是好的也。[20]

聽周作人細說自家閱讀古文、小說、古典文學、外國小說、希臘
神話、神話學、文化人類學、生物學、兒童文學、性心理學、醫
學史、妖術史、鄉土研究、江戶文物、浮世繪、俗曲、玩具、外
國語、佛經等方面的著作，實在驚嘆其涉獵之廣與體會之深。
這當然只是特異之才的知識地圖，但也不妨將其作為一個時代
閱讀風氣的象徵。如此鄙視世人視為正途的「舉業」，而刻意
強調「凡人」與「常識」，且理直氣壯地為「閒書」與「雜覽」正名，
可見新時代的閱讀趣味。緣於知識飢渴與選擇自由，不受新舊
教條束縛，任意跨越學科邊界，以思想通達見長，這便是雜學
的精髓，也是晚清及五四那兩代人最值得珍惜的閱讀經驗。

20　周作人〈我的雜學〉1944年4至7月連載於上海《古今》半月刊，後全文
　　收入《知堂回想錄》，作為第197至207節。此處引文見周作人：《知堂
　　回想錄》，頁747。

周作人（前排左三）、魯迅（前排右三）與受蔡元培聘請到北大教授世界語的俄國盲人作家愛羅先珂（Vasili Yeroshyenko，前排右四）合影，攝於約1923年。

面對「三千年未有之大變局」，沒有完美的治國良方，也沒有現成的閱讀指南，只能自己摸索著前進。考慮到教育環境、書籍流通、外語水平以及翻譯出版等限制，晚清及五四那兩代人接受新知時容易望文生義，且多穿鑿附會，這都可以諒解。危機時刻的閱讀與思考，不同於純粹的書齋學問，但求有用，不求系統全面；既然是飢不擇食，那就古今中外、天上地下、左右黑白，哪個適應用哪個。後人讀其著述，會發現很多熟悉的詞彙、思路與學說，你可以追根溯源，但不宜過分坐實。隨著學術的專業化以及數據庫的廣泛應用，理解晚清及五四新文化人的閱讀視野，將變得越來越容易。隨之而來的，就是警惕用力過度，將先賢興之所至的「雜覽」，說成了旗幟鮮明的「專

攻」。在我看來，今人談論晚清及五四新文化人，既不要誇大他們的學問與智慧，也別低估他們求知的願望與熱情——那種上下求索的勇猛與果敢，此前沒有，此後也難以為繼。

三、綱常鬆弛的得失

1920年，周作人談及為何引進希伯來思想與文藝，特別強調雜覽對於破除中國人固定思維的好處：「中國舊思想的弊病，在於有一個固定的中心，所以文化不能自由的發展；現在我們用了多種表面不同而於人生都是必要的思想，調劑下去，或可以得到一個中和的結果。」[21]此前一年，蔡元培則感嘆「吾國承數千年學術專制之積習，常好以見聞所及，持一孔之論」，[22]對於持異議者，輕者逐出教席，重者消滅肉體。如今，借助於引進西方的大學體制，蔡先生希望建立自由思想的「安全島」。一說思想的定於一尊，一談學術之專制積習，雖沒點破，實際上都指向學術及思想背後的政治體制。

對於「素無思想自由之習慣，每好以己派壓制他派」的中國人，[23]蔡元培力主兼容並包。〈《北京大學月刊》發刊詞〉強調「兼容」不同學術流派，如哲學之唯心論與唯物論、文學之寫

21　周作人：〈聖書與中國文學〉，載氏著：《藝術與生活》（長沙：岳麓書社，1989），頁45。

22　蔡元培：〈《北京大學月刊》發刊詞〉，收入高平叔編：《蔡元培全集》，第3卷（北京：中華書局，1984），頁211。

23　參見蔡元培：〈傳略（上）〉，收入《蔡元培全集》，第3卷，頁332。

實派與理想派、倫理學之動機論與功利論、宇宙論之樂天觀與厭世觀;〈致《公言報》函並答林琴南函〉則突出「兼容」不同政治主張,即大學教員以學術造詣為主,並不限制其校外活動。[24] 這裏有蔡元培的大學理念與個人修養,更與那是一個綱常鬆弛的時代有關。

為了保持大學獨立,北大校長蔡元培八次辭職兩次歐遊,以此抗拒政府指令,追討辦學費用。此等舉措,給北洋政府很大壓力,讓其內火中燒而又有苦難言,還不得不再三表示挽留。那是因為,蔡元培掌校的十年,清廷已被推翻,民國根基未穩,亂烘烘你方唱罷我登場。軍閥混戰,教育經費無著,令大學校長極為頭痛。但事情也有另一面,那便是處此新舊轉化之際,沒有不可逾越的邊界,也沒有不可挑戰的權威,乃「嘗試」各種新制度的最佳時刻。等到北伐成功,國民黨統一中國,開始推行「黨化教育」,教育界的情況發生了根本性的變化。不只是「教育獨立」的口號被禁止,連大學課程的設置也都必須接受審查,教授治校的有效性受到了嚴峻的挑戰,自由表達政見的文化空間更是岌岌可危。[25]

以辛亥革命為界,此前十五年與此後十五年,都屬於社會動盪、民不聊生的時期。可正是這三十年,思想比較寬鬆,言論相對自由。若以學術思想為例,此前的「經學時代」與此後

24　參見《蔡元培全集》,第 3 卷,頁 210–212、267–272。

25　參見陳平原:〈「兼容並包」的大學理念〉,《文匯讀書周報》,1998 年 6 月 6 日;〈大學校長的理想與現實 —— 蔡元培以退為進的抗爭策略〉,《新京報》,2018 年 1 月 20 日。

的「主義時代」，都力主輿論一律，能不能做到是另一回事。某種意義上，晚清及五四的眾聲喧嘩、百家爭鳴，如此中國歷史上難得一見的盛況，不是拜皇帝或總統所賜，也不是制度設計使然，而是因中央集權無法落實，各種力量互相掣肘，控制乏力，縫隙多多，於是各種思想學說自由競爭，尚未出現佔絕對主導地位的，沒有誰能一手遮天，「數千年學術專制之積習」於是暫時無法發揮作用。

回看歷史，晚清報人的理想性與獨立性，超乎你我的想像。秋瑾因謀反而被朝廷處死，不僅上海報紙，幾乎所有重要媒體，都對朝廷此舉持批評態度。接下來幾年，媒體上不斷出現談論、表彰乃至紀念秋瑾的圖與文，這在以後是不可想像的。[26]晚清輿論的相對自由，放在過去一百多年的中國史看，是個奇蹟。但必須說明，不是朝廷主動開放報禁，而是他們沒有能力控制。[27]應該這麼說，晚清及五四思想文化潮流的活躍，和出版及新聞的相對寬鬆有直接關係。

不管「高調」還是「低調」，清末民初從事報業及出版的啟蒙者，都值得充分尊重。歷史上，中國人對異端的容忍度極低，統治者對輿論的控制極嚴。有了《大清報律》(1908)、北洋政府《報紙條例》(1914)、南京國民黨政府《出版法》(1930)等，

26　參見夏曉虹：〈紛紜身後事——晚清人眼中的秋瑾之死〉，載氏著：《晚清女性與近代中國》(北京：北京大學出版社，2004)，頁286–325。

27　關於《大清報律》的制定、清政府摧殘報業的手段以及新聞界如何抗爭，參見方漢奇主編：《中國新聞事業通史》，第1卷 (北京：中國人民大學出版社，1996)，頁947–961。

雖限制多多，但有法總比無法好，起碼讓你知道如何規避。那時代，確實有不少報人為言論自由付出血的代價，比如創辦《啟蒙畫報》、《京話日報》及《中華報》的彭翼仲（1864–1921），1906年被清廷以「妄議朝政」的罪名流放新疆十年；而黃遠生（1885–1915）、邵飄萍（1886–1926）、林白水（1874–1926）更是因實踐自家的新聞理想而死於非命。即便如此，比起此前此後的輿論環境，晚清及五四時期還是最為寬鬆的。

1935年底，魯迅撰《花邊文學·序言》，提及那時候寫作者的困境：

> 我曾經和幾個朋友閒談。一個朋友說：現在的文章，是不會有骨氣的了，譬如向一種日報上的副刊去投稿罷，副刊編輯先抽去幾根骨頭，總編輯又抽去幾根骨頭，檢查官又抽去幾根骨頭，剩下來還有什麼呢？我說：我是自己先抽去了幾根骨頭的，否則，連「剩下來」的也不剩。[28]

凡寫作者，重讀魯迅此文，罕有不出一身冷汗的。可讀晚清及五四時期報章，最大的感受是，作者的見解不一定高明，但大都直抒胸臆，落筆時很少禁忌。

此前帝制風光，此後主義流行，只有中間這三十年沒有「大一統」的可能性——不是統治者不想，而是做不到。「城頭變幻大王旗」，對於因戰爭而引起的「思想混亂」，周氏兄弟並

28　魯迅：《花邊文學·序言》，收入《魯迅全集》，第5卷（北京：人民文學出版社，1981），頁418。

不特別反感。魯迅曾將魏晉文章概括為清峻、通脱、華麗、壯大，後兩者得益於「文學的自覺時代」，前兩者則是亂世中綱常鬆弛，「更因思想通脱之後，廢除固執，遂能充分容納異端和外來的思想，故孔教以外的思想源源引入」。[29] 周作人更直截了當地指出：「小品文是文學發達的極致，它的興盛必須在於王綱解紐的時代。」只有在亂世，才可能處士橫議，百家爭鳴，那「集合敘事說理抒情的分子，都浸在自己的性情裏，用了適宜的手法調理起來」的「言志的散文」，才得到真正發達。[30] 這也是周氏兄弟不太談論「盛唐氣象」，而對王綱解紐故人格獨立、思想自由故文章瀟灑的魏晉六朝特感興趣的原因。[31]

缺乏強大的中央集權，地方自治又沒有真正發育，晚清及五四前後的中國，社會激烈動盪，經濟發展乏力，讀書人生活窘迫，做學問也不夠從容。只是因文網鬆動，思想格外活躍，尤其是其特立獨行、勇於抗爭，值得後人歆羨。

比起閱讀上的雜覽、政治上的抗爭來，晚清及五四的懷疑精神更有普遍意義。借用魯迅筆下狂人的追問：「從來如此，便對麼？」[32] 晚清及五四的「疑今」與「疑古」，兼及文化、政治

29　參見魯迅：《而已集・魏晉風度及文章與藥及酒之關係》，收入《魯迅全集》，第3卷（北京：人民文學出版社，1981），頁503–504。

30　參見周作人：〈《冰雪小品選》序〉，載氏著：《看雲集》（長沙：岳麓書社，1988），頁109–110。

31　參見陳平原：〈現代中國的「魏晉風度」與「六朝散文」〉，《中國文化》，第15/16期（1997）。

32　魯迅：《　喊・狂人日記》，收入《魯迅全集》，第1卷（北京：人民文學出版社，1981），頁428。

《新青年》雜誌第四卷第五號，
刊登了魯迅的《狂人日記》

與學術，是這個時代的最強音。基於對當下中國的強烈不滿，用批判的眼光來審視歷史與現狀。敢於並善於懷疑，「重新估定一切價值」，持強烈的自我批判立場，此乃晚清及五四的時代特徵，也是其最大的精神遺產。

中國歷史上不乏異端人士，但他們之挑戰主流意識形態，其思想的參照系仍是在中國傳統文化內部。晚清和五四那兩代人不一樣，他們側身古今中外的夾縫中，其選擇不一定正確，但掙扎的痛苦、體會的真切、思考的深刻，前人後人都難企及。我們今天的好處是，曾經的偶像（西方或西學）出現明顯的裂痕，可以有較大的審視距離與選擇餘地。既不要像五四那樣，拿中國最差的東西和歐美最好的東西比較，也不要反過來，拿中國最好的東西與西方最不值得稱道的東西對話。明白西方（或西學）不是鐵板一塊，科學技術、政治制度、思想學説，哪些是好東西，值得我們學習借鑑，哪些則必須拒斥乃至鬥爭，這種能力，今天比任何時候都迫切需要。我之所以再三強調和五四保持對話，不是說那裏有理想的答案，而是將其作為磨刀石，砥礪思想，艱難前行。[33]

33　參見陳平原：《作為一種思想操練的五四》（北京：北京大學出版社，2018），頁14。

危急時刻的閱讀與思考，會因心情峻急而有所扭曲與變形，但那種壁立千仞的姿態以及自我批判的立場，值得後人認真體味與尊重。晚清及五四那兩代人思想的豐富與複雜，背後是選擇的多樣性。北伐完成，國民政府定都南京，這種混沌初開、思想多元的局面一去不復返。國共兩黨的政治立場天差地別，但思維方式很接近，都主張兩極對立，黑白分明，不喜歡多元化的論述，討厭第三條道路，於是，眾聲喧嘩的局面結束，「取而代之的是立場堅定、旗幟鮮明的黨派與主義之爭，二十世紀中國學術從此進入了一個新的時代」。[34]

四、報章為中心的思考與表述

既然無路可退，那就摸索前進，允許試錯——晚清的憲政改革，民初的帝制復辟，五四的批儒反孔，還有聯省自治的提倡、無政府主義的宣傳、共產學說的輸入等，無數奇思妙想都能順利出爐，且吸引公眾目光，甚至成為時尚話題。我稱之為「慌不擇路」，其實並非貶義。比起此前此後若干看起來很美實則很糟的社會設計，晚清及五四的四處出擊、徘徊無地，乃民間覺醒及自我拯救的努力。也就是說，改革動力主要來自民間，不是朝廷或中央政府主動出擊，自上而下地發布政令，而是眾多先知先覺者借助大眾傳媒搖旗吶喊。

---

34 參見陳平原：《中國現代學術之建立——以章太炎、胡適之為中心》，頁8。

1922年，新文化主將胡適撰寫〈我的歧路〉，其中涉及政治、媒體與教育之關係：

> 1917年7月我回國時，船到橫濱，便聽見張勳復辟的消息；到了上海，看了出版界的孤陋，教育界的沉寂，我方才知道張勳的復辟乃是極自然的現象，我方才打定二十年不談政治的決心，要想在思想文藝上替中國政治建築一個革新的基礎。[35]

在反省戊戌變法、庚子事變以及辛亥革命的慘痛教訓時，時人多意識到文化教育及思想啟蒙的重要性。這也是《新青年》的橫空出世且能得到廣泛支持的原因。可所謂「出版界的孤陋」與「教育界的沉寂」，那只是相對而言。晚清報業的發展以及傳媒對於社會思潮的引領，學界其實多有論述。這裏想強調的是，這是一個以報章為主要思考及表達方式的時代。

不管你從哪個角度編「五四文選」或「新文化讀本」，主要文本均來自報章，像梁漱溟《東西文化及其哲學》那樣成體系的著述，是個特例。相對於書籍、辭典或教科書，那個時代的報章更多地承擔了傳播新知、啟發民眾、介入現實的重任。眾多活躍的新文化人，政治立場不盡相同，但都喜歡在報紙雜誌上發文章，甚至直接參與報章的編輯製作。以一代名刊《新青年》為例，幾乎所有主要作者，在介入《新青年》事業之前，都

35　胡適：〈我的歧路〉，收入季羨林編：《胡適全集》，第2卷（合肥：安徽教育出版社，2003），頁467。

曾參與報刊這一新生的文化事業，並多有歷練。廣為人知的，如陳獨秀辦《安徽俗話報》、蔡元培辦《警鐘日報》、吳稚暉辦《新世界》、章士釗辦《甲寅》、錢玄同辦《教育今語雜誌》、馬君武協辦《新民叢報》，高一涵編《民彝》、李大釗編《言治》、胡適編《競業旬報》、劉叔雅編《民立報》、吳虞編《蜀報》，以及謝無量任《京報》主筆、蘇曼殊兼《太平洋報》筆政、劉半農為《小說界》撰稿、周氏兄弟為《河南》、《浙江潮》、《女子世界》等刊作者並積極籌備《新生》雜誌。[36] 對於新文化的提倡、創作與傳播，報章及出版明顯比大學或中學的課堂更直接，也更有效。北京大學之所以成為新文化的重要陣地，主要不是因為教授們的課堂講義或專門著述，而是《新青年》、《每週評論》、《新潮》、《國民》等的聲名遠揚。

《每週評論》，1919年5月11日

《俄事警聞》為《警鐘日報》的前稱

36　參見陳平原：《觸摸歷史與進入五四》（北京：北京大學出版社，2005），頁52–53。

某種意義上，正是這種傳播媒介的轉變，決定了一代人的思考及表達方式。相對於此前以書籍為中心的時代，晚清及五四以報章為中心的思考與表述，呈現了瞬間反應、激烈表態、策略思維、思想草稿等特徵。以下略為申說。

以前意識形態穩固，經書可長讀不衰；如今社會動盪，世人求新求變，報章更能適應這一時代要求。報章的好處是迅速及時，努力解決迫在眉睫的難題，成功影響時代風氣，缺點則是頭痛醫頭、腳痛醫腳，難以形成完整的思想體系。一切都在流轉中，發言時不能墨守成規。不同於運籌帷幄的密室交談，也不同於居高臨下的廣場演說，報刊文章更多處於對話狀態——與時代對話、與讀者對話，也與論敵對話。必須看清上下文，了解各自論述的來龍去脈，方才能準確判斷其得失成敗。比如《新青年》為何1916年2月起開始激烈批判孔教，很大原因是此前一個月，袁世凱令孔令貽繼承原衍聖公爵位外加郡王銜，此前兩個月，袁世凱廢除共和悍然稱帝，再往上追，則是此前兩年，袁世凱下令官僚百姓祭孔拜天。晚清章太炎「深惡長素孔教之說，遂至激而詆孔」，[37]五四諸君則因袁氏稱帝而激烈反孔，二者異曲同工。晚清志士及五四新文化人對於作為帝國精神支柱的儒學傳統之質疑與批判，有諸子學興起、大乘佛學復蘇、儒家致用思想復興，以

37　參見章太炎：〈致柳翼謀書〉，收入湯志鈞編：《章太炎政論選集》（北京：中華書局，1977），頁764。

及六經歷史文獻化等思潮的影響，[38]但激於時變，無疑是最為重要的因素。

報章兼及思想探索、知識傳遞與文化啟蒙，文字淺俗是一回事，更重要的是立場鮮明，以及表達的情緒化。1904年劉師培在《中國白話報》第六期上發表〈論激烈的好處〉，署名「激烈派第一人」。這裏的激烈，不僅是政治立場，更指向表達方式：「這一種著書、出版、演說的人，宗旨也要激烈。」為什麼？因為「激烈方能使人感動，並發生影響」。[39]某種意義上，這是報章不同於著作的特點，無暇精雕細刻，也不追求藏之名山傳之後世，注重的是現場效應，且寄希望於互相糾偏。此前兩年，梁啟超撰〈敬告我同業諸君〉，專門討論報章為何「與學校異，與著書亦異」，關鍵就在於立論必須偏激：

> 報館者救一時明一義者也。故某以為業報館者既認定一目的，則宜以極端之議論出之，雖稍偏稍激焉而不為病。何也？吾偏激於此端，則同時必有人焉，偏激於彼端以矯我者。又必有人焉，執兩端之中以折衷我者。互相倚，互相糾，互相折衷，而真理必出焉。[40]

---

38 參見張灝著、高力克等譯：《危機中的中國知識分子：尋求秩序與意義》，頁14–28；王汎森：《章太炎的思想》(上海：上海人民出版社，2012)，頁185–197。

39 參見陳平原：〈激烈的好處與壞處——也談劉師培的失節〉，載氏著：《當年遊俠人——現代中國的人文與學者》(北京：三聯書店，2006)，頁66–89。

40 梁啟超：〈敬告我同業諸君〉，《新民叢報》，第17號，1902年10月2日。

在梁啟超看來，與其大家都求穩妥、周全，「相率為從容模稜之言」，不如各走極端，以挑動國人之腦筋。讀晚清及五四時期的論戰文章，凡平正通達的（比如杜亞泉），都不如慷慨決絕的（比如陳獨秀）受歡迎。胡適雖不認同陳獨秀的武斷、喜歡罵人、「必不容反對者有討論之餘地」、[41] 立說以「氣勢」而非「論理」取勝，但承認正是這種「老革命黨」的決絕姿態，使新文學事業得以摧枯拉朽般迅速推進。[42]

既然追求社會影響而不是文章自身的邏輯嚴密，那麼，論述時就不能四平八穩，最好能出奇制勝。因此，寫作時更多考慮「策略性」，而不是「分寸感」。1927年2月，魯迅在香港發表「無聲的中國」專題演講，提及：

> 中國人的性情是總喜歡調和，折中的。譬如你說，這屋子太暗，須在這裏開一個窗，大家一定不允許的。但如果你主張拆掉屋頂，他們就會來調和，願意開窗了。沒有更激烈的主張，他們總連平和的改革也不肯行。[43]

這段妙語廣為人知。不談具體問題（如白話文之通行是否得益於錢玄同廢掉漢字的極端言論），就思想方法而言，魯迅的解釋確實透出了新文化人寫作的某些底牌，對於我們理解那代人

41　參見胡適、獨秀：〈通信〉，《新青年》，第3卷3號（1917年5月）。

42　參見胡適：〈逼上梁山〉，收入胡適主編：《中國新文學大系・建設理論集》（上海：良友圖書印刷公司，1935），頁27。

43　魯迅：《三閒集・無聲的中國》，收入《魯迅全集》，第4卷（北京：人民文學出版社，1981），頁13–14。

的立論方式及文章風格，很有啟發性。其實，類似的思考，多年前梁啟超已經涉及：正因有了革命之提倡，道民權，説變法，倡西學，便沒有多少障礙了。[44]陳獨秀説的更直白：「譬如貨物買賣，討價十元，還價三元，最後的結果是五元……改新的主張十分，社會惰性當初只能夠承認三分，最後自然的結果是五分。」[45]五四新文化人正是洞悉國民的保守性，先將話題推到頂點，碰到反抗，再退回合理的位置。如此求勝心切，更多考慮策略與效果，而不是宗旨與邏輯，落實到文章體式，必定偏於「攻其一點不及其餘」的「雜感」，而不是堂堂正正、自我完善的「論文」。如此劍走偏鋒，當初很有效果，只是隨著時代變遷，其負面效應逐漸顯示出來。

　　我曾借用留學生胡適「常用札記做自己思想的草稿」，[46]推演到五四時期陳獨秀、錢玄同、胡適、魯迅、周作人等的「通信」與「隨感」。既然是「草稿」而非「定本」，不妨即席發言、橫衝直撞，《新青年》上最為激烈的議論，多採取這兩種文體。[47]若放長視野，晚清及五四新文化人關於人類前途、文明進程、中國命運等宏大論述，都可看作二十世紀中國人的「思想的草稿」。

44　梁啟超：〈敬告我同業諸君〉：「二十年前，聞西學而駭起，比比皆然也。及言變法起，則不駭西學而駭變法矣。十年以前，聞變法而駭者比比皆然也，及言民權者起，則不駭變法而駭民權矣。一二年前，聞民權而駭者比比皆然也，及言革命者起，則不駭民權而駭革命矣。」

45　陳獨秀：〈調和論與舊道德〉，《新青年》，第7卷1號（1919年12月）。

46　參見胡適：〈《胡適留學日記》自序〉，載氏著：《胡適留學日記》（上海：商務印書館，1947）。

47　參見陳平原：《觸摸歷史與進入五四》，頁86–91。

　　正因身處危機時刻，來不及深思熟慮，往往脫口而出，不夠周密，多思想火花，少自堅其說，各種主義與學說都提到了，但都沒能說透，留下了很多的縫隙，使得後來者有很大的對話、糾偏以及引申發揮的空間。這種既豐富多彩、又意猶未盡的「未完成性」，也是五四的魅力所在。

2019 年 3 月 3 日於京西圓明園花園

新文化運動中「偏師」的作用及價值
——以林琴南、劉師培、張競生為例

　　讀過戰史的人都明白，打仗時，中軍固然重要，偏師同樣不可或缺。可等仗打完了，論功行賞或鑄鐵為犁時，偏師往往被冷落乃至打壓。文化運動也不例外，唱主角與敲邊鼓，本是各司其職，即便不說配合默契，也是互相尊重。可到了某個特定時刻，因口號、立場或路徑選擇發生衝突，內部呈現多元化傾向，偏師與中軍的關係變得十分微妙。後世的歷史學家為了故事的完整性，刪繁就簡，抹殺了很多與主線不太相關的旁枝。這麼一來，固然增加了戲劇性，可冤枉了不少好人，更重要的是，大大削弱了運動本身的豐富性與複雜性。

　　引入「偏師」的概念，談論與新文化運動的「起承轉合」密切相關的三個北大人物——前文科教習林紓（1852–1924，字琴南）為何在被解聘六年後翩然歸來，與新文化人直接對抗；國文系教授劉師培（1884–1919）早年以「激烈派第一人自居」，1919年新舊激辯時，主張昌明國粹，卻拒絕為舊派領銜；曾在1920年代名滿天下的北大哲學教授張競生（1888–1970），最

＊　　本文初刊於《北京大學學報》，第3期（2019）。

後竟憑藉薄薄一冊《性史》贏得生前無數罵名，也收穫了半個多世紀後的無限風光。這三位北大前輩，都曾在新文化的歷史舞台上活躍過，但因在某個節骨眼上，與蔡元培—陳獨秀—胡適—錢玄同—周作人等為主幹的新文化陣營步調不一致，乃至發生直接衝突，在日後的歷史書寫中，其功績被刻意淡化，其形象也被逐漸醜化。

美國學者周策縱談及新文化運動中「反對者的詰難和改革者的辯駁」時，描述「這一派舊文學的提倡者是由劉師培領導的」，其「公共論壇是提倡文言文孔教和舊倫理的《國故》雜誌」；1919年2月和3月林紓在上海的《新申報》上發表譏諷蔡元培、陳獨秀等新文化人的〈荊生〉和〈妖夢〉，「這個故事據信是林號召軍閥們，特別是號召崇拜林的安福系最能幹的領導人之一徐樹錚將軍干涉北大的事務」。[1] 生活在中國大陸的學者，談及新文化人的對立面林琴南與劉師培，更是義憤填膺，如蕭超然《北京大學與五四運動》便稱：「封建文化的死心塌地的衛道士林紓，在五四運動爆發前夕，再次帶頭跳了出來，以遠比前次凶惡的氣勢，向新文化運動及其中心 —— 北京大學發起了猛烈的進攻」；「這時，以劉師培、黃侃為首的《國故》月刊社，也積極與林紓相配合，緊密呼應」。[2] 這兩位都是嚴肅的學者，所論也都不無根據，只是囿於五四新文化人的立場，對晚

1　參見周策縱著、周子平等譯：《五四運動：現代中國的思想革命》(南京：江蘇人民出版社，1996)，頁79、85。

2　參見蕭超然：《北京大學與五四運動》(北京：北京大學出版社，1986)，頁160。

清一路走來的先行者林琴南、劉師培評價過於苛刻。其他有關五四的著作，更是喜歡將林、劉塑造成逆歷史潮流而動的反面人物，極盡嘲笑之能事。而在我看來，表彰新文化是對的，拿林、劉「祭旗」則很不應該。

這裏的關鍵在於如何看待「新文化」的醞釀、形成與推進。新文化不是憑空而降，也不是胡適、陳獨秀登高一呼就能實現的。我曾再三強調，應該將1898年至1927年這三十年作為一個整體來把握與闡釋。[3]這一思路背後，是淡化「事件」的戲劇性，凸顯「進程」的漫長與曲折。從風起於青萍之末，到大風起兮雲飛揚，有一個漫長的奮鬥過程，不是每個人都能幸運地站在風口上。「這就好像一部多幕劇，開場時登台亮相的，說不定中間就退場了；第一幕跑龍套的，也可能第二、第三幕變成了主角。至於誰唱到最後，不等於誰就是最大的贏家。謝幕時出來領受掌聲的，應該是全體演員，而不僅僅是主角或最後一位演唱者。」[4]

前北大文科教員（1906–1913）林紓，曾是文壇及學界的風雲人物，離開北大教席六年之後，因看不慣一班新人的「亂折騰」，不顧年邁體衰，獨自跳將出來，以一篇備受爭議的〈答大學堂校長蔡鶴卿太史書〉而「名揚青史」。此文的中心論點，批「提倡新道德，反對舊道德」者乃「必覆孔孟、鏟倫常為快」，以

---

3 參見陳平原：〈「新文化」如何「運動」——關於「兩代人的合力」〉，《中國文化》，秋季號（2015），頁49–59。
4 陳平原：《作為一種思想操練的五四》（北京：北京大學出版社，2018），頁47。

及反對「盡廢古書，行用土語為文字」，[5]在此前的多篇文章中已多有涉及，如〈送大學文科畢業諸學士序〉(1913)、〈論古文之不宜廢〉(1917) 等。呼籲諸君「力延古文之一線，使不至於顛墜」，或者「知臘丁之不可廢，則馬、班、韓、柳亦自有其不宜廢者」，[6]這並沒什麼不妥，起碼是自成一說。不管你喜歡不喜歡，大轉折時代的特立獨行、「守先待後」，是一種值得尊重的價值立場。

唯一不太雅觀的是其「遊戲筆墨」〈荊生〉與〈妖夢〉，可也說不上多大的罪過，《新青年》上刊出錢玄同代擬的王敬軒來信，以及劉半農嬉笑怒罵皆成文章的〈答王敬軒書〉，不也是一種假託與戲弄？所謂林紓寫〈荊生〉的目的，是慫恿手握兵權的弟子徐樹錚動用武力來消滅新文化人，實乃新文化人謀求公眾支持的「哀兵之計」。在1919年3月9日出版的《每週評論》第12號上，李大釗不僅撰寫了〈新舊思潮之激戰〉，批判對手「鬼鬼祟祟的，想用道理以外的勢力，來剷除這剛一萌動的新機」；還轉載林紓此小說，並加上題為「想用強權壓倒公理的表示」的按語，稱林紓的〈荊生〉「就是代表這種武力壓制的政策的」。當初為了凝聚力量，製造輿論，醜話說在前，作為一種鬥爭策略，完全可以理解；可時隔多年，還這麼批判林紓，那就近乎構陷了。研究者越說越實，把一篇子虛烏有的小說，

5　林紓：〈答大學堂校長蔡鶴卿太史書〉，載氏著：《畏廬三集》(上海：商務印書館，1924)，頁26上–28上。

6　參見林紓：〈送大學文科畢業諸學士序〉，載氏著：《畏廬續集》(上海：商務印書館，1916)，頁20下；〈論古文之不宜廢〉，《大公報》，1917年2月1日及《民國日報》，1917年2月8日。

林紓

說成了貨真價實的戰書。若有驚天大陰謀，必須是密室策劃，步步為營，不可能遠隔千里，跑到上海報紙上發表小說，來指揮北京的軍閥鎮壓北大新文化人。更大的可能性是，林紓本人自幼學劍，即所謂「少年里社目狂生，被酒時時帶劍行」，[7]再加上撰有記錄閩中武林軼事的《技擊餘聞》，還有《劍腥錄》中吹噓邴仲光如何仗劍行俠，這小說中的「偉丈夫」，實為林紓的自我期許。只是三人成虎，日後史家懶得仔細追究，林紓「勾結軍閥剷除異己」的罪名，就這樣被派定了。[8]

林紓的尷尬之處在於，雖然他公開跳出來叫陣，可作為舊派的代表，分量是不夠的。[9]翻譯大量西洋小說，出版《閩中新樂府》，編寫《修身講義》，還積極投身開民智辦學堂的時代大潮，林紓的所長及貢獻主要在「新知」而不是「舊學」。若著眼於清末民初語言及文體變革的大潮，由幽深的文言到平實的白話之間，有個過渡形態，那就是淺白文言；而由潔淨的古文到

7　林紓：〈七十自壽詩〉其二，見朱羲冑述編：《貞文先生年譜》，卷二《林琴南學行譜記四種》(台北：世界書局，1961)，頁46。

8　參見陳平原：《作為學科的文學史 —— 文學教育的方法、途徑與境界》(北京：北京大學出版社，2016)，頁298。

9　「其實林琴南所作的筆記和所譯的小說，在真正舊文學家看起來，也就不舊不雅了。」參見陳獨秀：〈關於北京大學的謠言〉，收入《陳獨秀文章選編》，上冊(北京：三聯書店，1984)，頁363。

蕪雜的小說之間，也有個簡易橋梁，那便是林紓那些一身二任、徘徊於雅俗之間的譯述小說。林紓對於現代白話文的意義，不只是扮演反對者的角色，也有某些實實在在的貢獻。可惜，晚清開啟的變革大潮，一浪高過一浪，幾個波次下來，沖垮了第一代啟蒙者立足的根基。早年的先行者，如今站到了對立面，這種大變革時代常有的尷尬，值得後來者深切同情。

一場大的思想文化運動，在其展開的過程中，會出現各種不同的聲音，有人贊成，有人反對，這都很正常。日後某種聲音佔了上風，取得了決定性勝利，可那不等於所有反對者都是敵人。在我看來，凡在新文化運動期間參與對話的，不管立場左中右、聲音高中低、力量大中小，都值得稱道，都有其特定的歷史地位。因為，新文化提倡者最怕的不是對抗，而是無人理睬，那才是真正的寂寞與空虛。「新舊對立」論述框架的確立，賦予陳獨秀等人道德及道義的力量。某種意義上，新文化正是在這種對峙、對抗與對話中逐漸成長起來的。記得魯迅《半夏小集》的話：「最高的輕蔑是無言，而且連眼珠也不轉過去。」[10] 願意站出來激烈爭辯的，還是真把對方當回事，而不是如嚴復嘲笑林紓：「此事全屬天演，革命時代，學說萬千，然而施之人間，優者自存，劣者自敗，雖千陳獨秀，萬胡適、錢玄同，豈能劫持其柄？則亦如春鳥秋蟲，聽其自鳴自止可耳。」[11]

10　魯迅：《且介亭雜文末編‧半夏小集》，收入《魯迅全集》，第6卷（北京：人民文學出版社，1981），頁327。

11　嚴復：〈與熊純如書札〉，收入王栻主編：《嚴復集》，第3卷（北京：中華書局，1986），頁699。

林紓願意站出來與新文化人正面爭鋒，不僅不可笑，還值得尊敬。不管是林琴南、劉師培，還是梅光迪、章士釗，都是很有風度的正人君子，即便論戰中佔下風，也沒有使用任何下三濫的手段。

當年北大校園裏及課堂上，確有新舊之爭，且相當激烈，但那只是「風氣」與「趨勢」，尚未結成立場堅定、行動一致的「黨派」。而且，若就國文系而言，劉師培為首的舊派還略佔上風。可是，當1919年3月18日北京的《公言報》發表林紓的〈致蔡鶴卿書〉及〈請看北京學界思潮變遷之近狀〉，將劉師培派定為舊派領袖，稱其如何與陳獨秀為首的新派激烈對抗，兩軍對壘，旗鼓相當云云。[12] 劉師培馬上給《公言報》去函，且送登《北京大學日刊》，除了批評報導不實，更稱：「鄙人雖主大學教席，然抱疾歲餘，閉關謝客，於校中教員素鮮接洽，安有結合之事？又《國故》月刊由文科學員發起，雖以保存國粹為宗旨，亦非與《新潮》諸雜誌互相爭辯也。」[13] 拒絕與林紓結盟，不願與陳獨秀為敵，更不想讓對他極為禮遇的蔡元培校長為難。這一紙劃清界限的自辯，化解了北大好多尷尬——這也是劉師培將此函首先送《北京大學日刊》的緣故。

劉師培早年也曾是報人，明白媒體特性，故拒絕隨風起舞。身體不好是真的，因他當年11月便在京病逝；但也不排

12　隨後，1919年3月21日《神州日報》刊出〈北京大學新舊兩派之爭衡〉，也持類似看法。

13　劉師培：〈啟事〉，《北京大學日刊》，1919年3月24日。

除吸取此前深刻教訓，不願再介入現
實政治，[14]而改為潛心學問。但要說「保
存國粹」的立場，並不意味著與《新潮》
諸君爭鋒，必須了解劉師培的整個人
生，方能領悟。1904年，劉師培在
《警鐘日報》上撰文，稱：「中國自古以
來，言文不能合一，與歐洲十六世紀
以前同。欲救其弊，非用白話莫由，
故白話報之創興，乃中國言文合一之

劉師培

漸也。」[15]第二年，劉又在《國粹學報》上連載〈論文雜記〉，講
古今文字有深淺文質之殊，緣於「進化之公理」：「故近日文
詞，宜區二派：一修俗語，以啟淪齊民；一用古文，以保存國
學，庶幾前賢矩範，賴以僅存。若夫矜誇奇博，取法扶桑，吾
未見其為文也。」[16]劉師培之談論文白，視野相當開闊，既提到
「英儒斯賓塞耳」，也說及「昔歐洲十六世紀教育家達泰氏」，
再加上梳理了自古以來中國文學的發展趨勢，可謂言之有據。
也正是有此思想根基，在劉師培看來，所謂保存國粹與闡揚新
知，並不天然對立。據說劉師培「在課堂上絕少批評新文學，
他主張不妨用舊有的文章體裁來表達新思想，這是用舊瓶裝新

14　參見陳平原：〈激烈的好處與壞處——關於劉師培的失節〉，載氏
　　著：《當年遊俠人——現代中國的文人與學者》（北京：北京三聯書
　　店，2006），頁66–89。

15　劉師培：〈論白話報與中國前途之關係〉，《警鐘日報》，1904年4月26日。

16　劉師培：《中國中古文學史·論文雜記》（北京：人民文學出版社，
　　1959），頁109–110。

酒的辦法」，這與經常在課堂上辱罵新文學的黃侃不同。[17]這種曾登高望遠、不薄俗語愛古文的姿態與境界，使其有可能超越簡單的文白對立。可惜的是，劉師培此時已病入膏肓，沒能力更多申辯與闡發，只能發一簡單聲明。後人不察，將其與林紓並列，說成都是舊派領袖，絕非他所能認同。因為，林之尊崇「桐城」，與劉的提倡「選學」，文章趣味與學術立場相差十萬八千里，絕無「緊密呼應」的可能性。

至於1919年1月26日在劉師培宅正式成立的《國故》月刊社，主要以國文系學生為主，所謂劉師培、黃侃出任《國故》總編輯，陳漢章、馬敘倫、吳梅、黃節等出任特別編輯，那都只是為學生站台而已。「昌明中國固有之學術」，這宗旨今天看來光明正大，即便蘊含著與《新潮》競爭的姿態，也沒什麼可非議的。可在日後的歷史敘述中，立場決定一切，鬥爭成為主線，新舊似乎越來越水火不相容，於是，《國故》諸君被徹底妖魔化了。同一年級的北大中文系學生，因政治立場和文化取向不同，分別編輯了這三個五四時期很有影響的雜誌，形成激烈競爭之勢，共同推進新文化事業，這很了不起。

可惜，關於《新潮》、《國民》的回憶文章很多，而涉及《國故》的則極少。我曾努力追尋《國故》月刊同人日後的追懷，發現材料實在太少。後來學業有成的羅常培，多次談論五四運動，但迴避了早年參加《國故》的活動；只有活躍於淪陷時期

---

17 參見楊亮功：《早期三十年的教學生活》(台北：傳記文學出版社，1980)，頁16。

北京學界的俞士鎮，曾在〈瘳居憶舊錄・一、劉申叔先生〉中略有辯解。原因是，「生不逢時的《國故》，很快被迫扮演反派角色，在眾多關於『五四』的論述中，成為嘲笑對象」，當事人恥於提及。「歷史基本上是勝利者書寫的，作為失敗者的《國故》，沒有多少發言的機會。」[18]既然如此，歷史學家有必要主持公道，警惕「成王敗寇」的思維方式。

1922年4月，美國計劃生育創導者山格夫人 (Margaret Sanger) 應邀在北大第三院大禮堂講演，有一合影，長期在北大校史館陳列：山格夫人居中，左邊胡適，右邊張競生。今天的讀者很難領會，1920年代初期，北大校園裏，張競生與胡適都屬於風雲人物。同是北大哲學教授，美國博士胡適引進杜威，名滿天下，引領風騷數十年；法國博士張競生信奉盧梭，[19]卻舉步維艱，成為一顆劃過天際、瞬間照亮漫漫夜空的彗星。為什麼？這涉及新文化人努力的方向，以及新文化運動的天花板。終其一生，張競生最為春風得意的，莫過於北大任教那五年（1921年10月–1926年6月）。授課之餘，在《晨報副刊》上發

18　參見陳平原：《作為一種思想操練的五四》（北京：北京大學出版社，2018），頁115–116。

19　「從早年的博士論文〈關於盧梭古代教育起源理論之探討〉(1919)，到北大教書時的專著《美的人生觀》、《美的社會組織法》，到離開學界後的譯述《盧騷懺悔錄》、《夢與放逐》、《歌德自傳》、《浪漫派概論》、《偉大怪惡的藝術》，一直到晚年撰寫「半自傳式」的小品文〈浮生漫談〉、〈十年情場〉、〈愛的漩渦〉等，幾乎張競生所有的著譯，都隱隱約約可見盧梭的影子。」參見陳平原為張培忠《文妖與先知 —— 張競生傳》（北京：三聯書店，2008）撰寫的序言〈孤獨的尋夢人〉。

張競生

起愛情大討論，提出愛情四定則，曾名噪一時。事情的大致經過是這樣的：1922年3月，北京大學名教授、代理總務長譚熙鴻的妻子陳緯君因病逝世，遺下一對年幼的兒女。[20]6月24日，《北京大學日刊》發表蔡元培、李大釗、李石曾、張競生等聯名的〈譚陳緯君夫人行狀〉。

同年秋天，原在廣州就讀的陳緯君之妹陳淑君避戰亂來京，暫住姐夫家。不久二人相戀，並很快成婚。1923年1月16日，北京《晨報》刊出〈譚仲逵喪妻得妻，沈厚培有婦無婦〉，指控北大教授橫刀奪愛，道德淪喪。第二天的《晨報》上刊出陳淑君的〈譚仲逵與陳淑君結婚之經過〉，稱與沈君只是相識，而並無婚約，至於「與仲逵結婚，又純出雙方之志願」。此等事公眾感興趣，報紙有熱情，於是事情越鬧越大。就在這個時候，張競生挺身而出，在4月29日《晨報副刊》發表〈愛情的定則與陳淑君女士事的研究〉，與其說為朋友兩肋插刀，不如說是藉朋友家事表達自家的愛情觀念。張所開列的「愛情四定則」──愛情是有條件的；愛情是可比較的；愛情是可變遷的；夫妻為朋友的一種──今天看來很平常，

20　參見蔡元培：〈請譚熙鴻任代理總務長的布告〉，1922年2月21日、〈仍請譚熙鴻代北大總務長啟事〉，1922年6月15日，收入中國蔡元培研究會編：《蔡元培全集》，第4卷（杭州：浙江教育出版社，1997），頁543、651。

當年卻是一石激起千層浪，眾多投書中，包括魯迅與許廣平。兩個多月的論戰，最後以張競生〈答覆「愛情定則的討論」〉長文作結。[21]張競生在此次愛情大討論中的作用，學界一般持肯定態度。直到出版驚世駭俗的《性史》，方才被視為「國民公敵」。[22]

出任北大風俗調查會主任委員的張競生，曾編列三十多項應調查的事物，其中妙峰山進香調查由顧頡剛負責，有民俗學經典著作《妙峰山》傳世；至於性史調查，其他教授都不敢接，求勝心切的張競生親自披掛上陣。先是在1926年2月2日《京報副刊》刊出〈一個寒假的最好消遣法──代「優種社」同人啟事〉，徵求大學生的性經驗，含九項內容，從幾歲春情發生，到手淫、夢遺、同性戀、再到口交、嫖妓、性好、性量、性趣等，「請代為詳細寫出來」。而且，張競生草擬的「啟事」還特別說明：「尚望作者把自己的『性史』寫得有色彩，有光芒，有詩家的滋味，有小說一樣的興趣與傳奇一般的動人。」1926年5月，張競生將編纂好的《性史》第一集以性育社的名義交光華書局出版，雖然張本人的〈序〉及〈贅語〉努力學理化，但七個案例細緻入微，文采飛揚，成了主要看點。一時間，民眾爭相

21　1928年，張競生主持的美的書店出版《愛情定則討論集》，收集此次論戰的大部分文字；2011年，北京的三聯書店重刊此書，改題《愛情定則──現代中國第一次愛情大討論》（張競生、魯迅等著，張培忠編）。

22　更大的轉折在張競生1926年6月南下上海，創辦關注婦女問題與性教育的《新文化》月刊，以及讓人充滿遐想的美的書店。此後，張屢戰屢敗，屢敗屢戰，精神可嘉，但很難再有大的作為。

搶購，不法書商偽造續書，道德之士紛紛譴責，張教授命運從此發生大逆轉。[23]

　　追摹的是英國學者靄理士（Havelock Ellis），但沒做好充分的學術準備，倉促上陣，留下很大遺憾。張競生日後也承認，徵文及選文的方向出現偏差，導致「《性史》第一集中未免有『小說化』的毛病」，難怪時人將其作為淫書來搶購與閱讀。雖說日後諸多續書乃不法商人牟利之舉，與張競生本人無關，但開篇沒做好，猶如打開了潘朵拉的盒子，始作俑者，難辭其咎。[24]我在〈新文化運動的另一面〉中提及：「真正給與張競生致命打擊的，不是『傳統的保守勢力』，而是同樣關注婦女問題及性道德的新文化人。因他們特別擔心，這位完全不顧中國國情的張競生，將這個好題目給徹底糟蹋了。這就好像一頭莽撞的大象，出於好奇，闖進了瓷器店，悠然轉身離去時，留下了無法收拾的一地碎片。」[25]張競生的敗走麥城，不僅僅是個人的悲哀，更讓我們明白新文化運動的邊界與雷池。一個時代的思想潮流及情感結構，有其大致走向，非個別先知所能左右。某種意義上，「超前」的思考與表達，也是一種生不逢時。

23　參見張培忠：《文妖與先知——張競生傳》，頁347–361。

24　參見江中孝編：《張競生文集》，下卷（廣州：廣州出版社，1998），頁103–108；張競生著、張培忠輯：《浮生漫談——張競生隨筆選》（北京：三聯書店，2008），頁154–159。

25　陳平原：〈新文化運動的另一面——從盧梭信徒張競生的敗走麥城說起〉，《文匯報》，2018年11月30日。

　　北京大學作為新文化運動的主戰場，各種人物輪番登場，角色的自我定位與社會的評判尺度，很難完全吻合。那些「過早登場」或「提前出局」的，在日後的歷史書寫中，往往很難得到妥善安排。二十年前，余英時就提醒，「將梅光迪和吳宓的文化保守主義，置於與五四新文化的同一的論述結構之中」。[26] 困難不在於具體個案，而在整體的論述框架。比如，今日中國學界，不僅學衡派得到充分重視，林紓研究成了熱門話題，劉師培、張競生也有若干很好的評傳，可在綜合性史著中，依舊是以新舊對立為主軸，將林紓等描寫成「反派人物」。

　　今天需要的，不是平反冤獄，而是建立一種「不以成敗論英雄」的歷史哲學，這裏包括：首先，激烈論爭的對手，可能是曾經攜手的偏師，而不是你死我活的仇敵；其次，新舊對立是一個過於粗疏的論述框架，不僅對「起了個大早趕了個晚集」者很不公平，而且要求「苟日新，日日新」很難做到，即使做到了也不見得就是好事；第三，承認對立雙方可能各有其合理性，可以判斷是非，但沒必要入主出奴；第四，理解波瀾壯闊的文化運動自身的複雜性，不是每個人都能踩對節奏（在恰當的時候做恰當的事業），因此，慶賀勝利者的同時，請記得失敗者的努力；第五，建立盡可能寬闊的新文化光譜，從最亮到最暗，從最左到最右，容納盡可能多的不同聲音與立場，某種意義上，兩翼的張力越大，中堅的突破越有可能；第六，明白歷史上實

26　余英時：〈文藝復興乎？啟蒙運動乎？——一個史學家對五四運動的反思〉，收入余英時等著：《五四新論：既非文藝復興亦非啟蒙運動》（台北：聯經出版事業公司，1999），頁1–31。

現的，不見得就是最佳方案，那些沒能實現的理念以及失敗者的命運，同樣值得同情與尊重，且因長期受壓抑，更需學者為其代言；第七，記得一場大戲，生旦淨末丑輪番登場，聚光燈或掌聲大都給了主角，但配角也自有其存在價值，若舞台翻轉或劇目輪換，這齣戲的配角或許就成了另一齣大戲的明星。

「諸多失敗的或不太成功的選擇，就好像歷史的摺痕，或深或淺地鑴刻著諸多驚心動魄的故事。摺痕處，其實百轉千迴，你必須有耐心慢慢展開，仔細辨析，才能看得見、摸得著、體會得到那些沒能實現的理想、激情與想像力。」[27]當初寫下這段話，確實是有感而發。本文將以往談論新文化運動時淡化乃至醜化的林紓、劉師培、張競生連成一線，並給與某種同情之理解，希望藉此擴大新文化運動的光譜，理解那些沒有實現的計劃與理念，藉傾聽那些被壓抑的聲音，重新思考五四新文化運動的複雜性與縱深感。

這是一種必要的自我調整，也是進一步深入開拓的前奏。

2019 年 4 月 5 日至 15 日草於哈佛旅次

27　陳平原：〈觀察張競生的一個角度〉，《南方都市報》，2018 年 12 月 11 日。

直面核心文本
——《五四讀本》前言

　　關於五四運動的時間跨度，歷來眾說紛紜。本讀本不做仔細考辨，而是取目前學界的主流意見，即從《新青年》創辦的1915年說起，到1922年新文化運動取得決定性勝利為止。選擇此雲蒸霞蔚的八年中五十篇有代表性的文獻，讓非專業的讀者能直接觸摸那段早已塵封的歷史，與一個世紀前的先賢對話，並做出自己的獨立判斷。比起簡單明瞭的教科書或愛恨分明的小冊子來，由若干基本文獻構成的「讀本」，雖也受編者立場的制約，但相對接近原始狀態，路徑縱橫交叉，聲音抑揚起伏，讀者經由仔細的辨析，可以建立屬於自己的歷史地圖。

　　經由一百年反覆的紀念、陳述與闡釋，「五四」實際上已經成了一個巨大無比的儲藏室，只要你闖進去，隨時都能找到自認為合適的食物或武器 —— 可這不等於就是五四那代人的

＊　　本文初刊於《文藝爭鳴》第5期 (2019)；作為《五四讀本》前言，收入陳平原、季劍青編：《五四讀本》(台北：網路與書股份有限公司，2019)。

真實面貌。一次次帶有儀式感的五四紀念，自有其社會動員與文化建設的意義。但我以為更重要的，還是閱讀當年那些核心文本，經由自己的獨立判斷，與歷史展開深入對話；而不是人云亦云，記得某些標準答案。當然，這裏有個假設，那就是，五四不以「密室商談」見長，絕大部分立場與思考都落在紙面上，且當初曾公之於世。也就是說，本讀本呈現的，主要是「思想的五四」，而不是「行動的五四」——後者需要歷史學家借助各種公私檔案鉤稽與重建。

梁漱溟

張東蓀

本讀本中，直接談論作為學潮的五四運動的，主要是以下幾篇——梁漱溟的〈論學生事件〉、羅家倫的〈「五四運動」的精神〉、張東蓀的〈「五四」精神之縱的持久性與橫的擴張性〉、許德珩的〈五四運動與青年的覺悟〉、孫中山的〈致海外國民黨同志書〉，以及梁啟超的〈「五四紀念日」感言〉。相對來說，涉及新思潮、新青年、新倫理、新文學的，更值得關注。以下略為摘引。

關於新思潮——胡適曾引述尼采的「重新估定一切價值」，來為五四新文化人眼中的「新思潮」定義：「我以為現在所謂『新思潮』，無論怎樣不一致，根本上同有這公共的一點——評判的態度。孔教的討論只是要重新估定孔教的價值。

文學的評論只是要重新估定舊文學的價值……這種評判的態度是新思潮運動的共同精神。」(〈新思潮的意義〉)杜亞泉不喜歡將「新思想」歸結為「推倒一切舊習慣」，認定那只是一種情緒，「僅有感性的衝動，而無理性的作用」，其作用近似「英國當十九世紀初期，勞動者以生活困難之要求，闖入工廠，摧毀機器」(〈何謂新思想〉)。蔡元培則意識到中國人受數千年專制思想影響，習慣排斥乃至消滅異己，故大學傾向於「『循思想自由』原則，取兼容並包主義」，具體説來就是：「無論為何種學派，苟其言之成理，持之有故，尚不達自然淘汰之運命者，雖彼此相反，而悉聽其自由發展。」(〈致《公言報》函並答林琴南函〉)

關於新青年——在《青年雜誌》創刊號上，陳獨秀給「新青年」定了六個指標：自主的而非奴隸的、進步的而非保守的、進取的而非退隱的、世界的而非鎖國的、實利的而非虛文的、科學的而非想像的(〈敬告青年〉)。那位日後因任教育總長而備受魯迅等譏諷的章士釗，也曾這樣談論青年的職責：「總之，一國之文化，能保其所固有；一國之良政治，為國民力爭經營而來，斯其國有第一等存立之價值。此種責任，即在青年諸君。」(〈新時代之青年〉)至於學生領袖羅家倫，則在紀念五四運動一周年時，做了如下簡明扼要的表述：「總之五四以前的中國是氣息奄奄的靜的中國，五四以後的中國是天機活潑的動的中國。五四運動的功勞就在使中國『動』！」(〈一年來我們學生運動底成功失敗和將來應取的方針〉)

關於新倫理——陳獨秀在〈本志罪案之答辯書〉中稱：「追本溯源，本志同人本來無罪，只因為擁護那德莫克拉西（Democracy）和賽因斯（Science）兩位先生，才犯了這幾條滔天的大罪，要擁護那德先生，便不得不反對孔教、禮法、貞節、舊倫理、舊政治；要擁護那賽先生，便不得不反對舊藝術、舊宗教；要擁護德先生又要擁護賽先生，便不得不反對國粹和舊文學。大家平心細想，本志除了擁護德、賽兩先生之外，還有別項罪案沒有呢？若是沒有，請你們不用專門非難本志，要有氣力有膽量來反對德、賽兩先生，才算是好漢，才算是根本的辦法。」李大釗的〈庶民的勝利〉則説：「須知今後的世界，變成勞工的世界，我們應該用此潮流為使一切人人變成工人的機會，不該用此潮流為使一切人人變成強盜的機會。凡是不作工吃乾飯的人，都是強盜。強盜和強盜奪不正的資產，也是一種的強盜，沒有什麼差異。」接下來，該輪到魯迅的〈我們現在怎樣做父親〉上陣了：「總而言之，覺醒的父母，完全應該是義務的，利他的，犧牲的，很不易做；而在中國尤不易做。中國覺醒的人，為想隨順長者解放幼者，便須一面清結舊賬，一面開闢新路。就是開首所説的『自己背著因襲的重擔，肩住了黑暗的閘門，放他們到寬闊光明的地方去；此後幸福的度日，合理的做人。』這是一件極偉大的要緊的事，也是一件極困苦艱難的事。」

關於新文學——胡適高舉「國語的文學，文學的國語」大旗衝鋒陷陣，取得了突出的業績：「我們所提倡的文學革命，只是要替中國創造一種國語的文學。有了國語的文學，方才

可有文學的國語。有了文學的國語，我們的國語才可算得真正國語。國語沒有文學，便沒有生命，便沒有價值，便不能成立，便不能發達。這是我這一篇文字的大旨。」（〈建設的文學革命論〉）錢玄同藉為胡適的《嘗試集》作序，與之遙相呼應：「現在我們認定白話是文學的正

錢玄同

宗：正是要用質樸的文章，去剷除階級制度裏的野蠻款式；正是要用老實的文章，去表明文章是人人會做的，做文章是直寫自己腦筋裏的思想，或直敘外面的事物，並沒有什麼一定的格式。對於那些腐臭的舊文學，應該極端驅除，淘汰淨盡，才能使新基礎穩固。」（〈嘗試集序〉）周作人則希望將工具的變革與思想的進步合而為一，創造一種「人的文學」：「用這人道主義為本，對於人生諸問題，加以記錄研究的文字，便謂之人的文學。其中又可以分作兩項，（一）是正面的，寫這理想生活，或人間上達的可能性；（二）是側面的，寫人的平常生活，或非人的生活，都很可以供研究之用。」（〈人的文學〉）

　　以提倡白話文為突破口，是個精彩的戰略選擇，這也是五四新文化人眾多探索中，文學革命功績最為顯著、也最為堅挺的緣故。談論兼及思想啟蒙、文學革命與政治抗爭的五四運動，可以突出政治與社會，也可以專注思想與文化，本讀本明顯傾向於後者。翻閱此讀本，有三點提醒讀者注意：

第一，作者絕少純粹的政治人物（只有一位孫中山，但不是當權派），基本上都是大學師生或媒體人，他們的發言不代表黨派，更多體現為讀書人對於中國命運的深沉思考。正因亂世英雄起四方，沒有佔絕對主導地位的（政府權威尚未建立），各種思潮、學說、政治立場都得到了很好的發聲機會，這也是五四時期言論格外活躍的緣故。在野諸君，「鐵肩擔道義，妙手著文章」，大膽立論，橫衝直撞，雖說論戰時不免意氣用事，但絕無告密或以言入罪的可能。

第二，論戰各方立場差異很大，但所謂新舊之爭，只是相對而言。在現代中國文學史上被判為守舊的反面人物，在我看來，只是「不當令」而已 ── 他們可能是上一幕的英雄（如林紓、章士釗），或下一幕的先知（如《學衡》諸君）。本讀本所收錄的，沒有絕對的反派。大家都在尋求救國救民的路徑，只是方向不同，策略有異，而「新文化」正是在各種力量相互對峙與衝撞中展開其神奇的「運動」。其實，晚清開啟的西學東漸大潮，早已積蓄了足夠的能量，使得大多數讀書人明白，變革在所難免，復古沒有出路，爭論的癥結僅僅在於，是快跑還是慢走，是激進還是穩妥，是調和還是偏執。

第三，既然是報刊文章，基本上都是面對當下，絕少書齋裏的玄思。諸多評論、隨筆與雜感，表達直白且急切，單篇看不怎麼樣，合起來，方才明白那代人的思考及努力方向。「正因身處危機時刻，來不及深思熟慮，往往脫口而出，不夠周密，多思想火花，少自堅其說，各種主義與學說都提到了，但

《東方雜誌》目錄頁，1919年12月

都沒能說透，留下了很多的縫隙，使得後來者有很大的對話、糾偏以及引申發揮的空間。這種既豐富多彩、又意猶未盡的『未完成性』，也是五四的魅力所在」。[1]

比起寫給專家的鴻篇巨製，編一冊面向公眾的小書，很有必要，但並不容易。以十幾萬字的篇幅，呈現百年前那場以思想啟蒙為主體的運動，需認真謀篇布局。本讀本的特點是：首先，以人帶文，基於我們對五四運動的理解，選擇三十一位重要人物，每人最多不超過三篇文章，以便呈現多種聲音，避免一家獨大；其次，所謂多元，並不排斥主導因素，新文化運動

1　陳平原：〈危機時刻的閱讀、思考與表述〉，《二十一世紀》，4月號（2019），頁4–17。

與北京大學關係極為密切，故北大人佔了十九位（含兼課的錢玄同、魯迅，以及早退的林紓、沈雁冰）；第三，不僅按慣例選錄論戰中截然對立的雙方，更考慮運動的各相關方，力圖呈現歷史的側面與背面；第四，這是一個以報章為中心的時代，當事人大都「有一種主張不得不發表」（陳獨秀語），《新青年》入選文章最多，共十七篇，其次《東方雜誌》六篇，再次《每週評論》四篇、《新潮》及《晨報》各三篇，《學衡》等各二篇；第五，全書不以人物或主題分類，所選文章一律按發表時間排列，以便呈現犬牙交錯的對話狀態；第六，以立論為主，不選文學作品（小說、詩歌、戲劇），文章篇幅實在太長的，採取節錄方式；第七，既不刪改，也不做注，只是提供作者簡介，這對普通讀者是個挑戰——但我以為這種艱辛的閱讀是值得的。

2019 年 3 月 17 日於京西圓明園花園

兩代人的合力

「新文化」如何「運動」
——關於「兩代人的合力」

　　你問什麼是「新文化」，這可不好回答；一定要說，必定是見仁見智。若僅限於反對「舊文化」，那這個詞沒有多少闡釋力。因無論何時何處，你都能見到其飄渺的蹤跡。正因內涵不確定，邊界很模糊，誰都能用，因而誰都無法獨佔，不管是《大不列顛百科全書》還是《中國大百科全書》，可收「新小説」、「新儒學」，就是不收「新文化」。但如果加上「運動」二字，那就大不一樣了。在當下中國，只要受過初等教育，都會振振有辭地告訴你，那是五四運動爆發前後，由北大教授陳獨秀、胡適、李大釗、錢玄同、周作人以及魯迅等發起的以反傳統、反禮教、反文言為標誌的思想革命與文學革命。

　　説到此「運動」，必須區分三個相互關聯但不無差異的概念：「新文化運動」、「五四新文化運動」、「五四運動」。「五四運動」主要是社會抗爭，有明確的政治訴求，「文化」居從屬地位。談「新文化」而戴上「五四」的帽子，標尺決定了視野，其

---

*　　本文初刊於《中國文化》，秋季第 1 期 (2015)。

論述必定大受限制。相對來説，還是「新文化運動」更有騰挪
趨避的空間。

　　為什麼強調「騰挪趨避」？因當初陳獨秀在解答「新文化運
動是什麼」時，就顯得寬泛無邊：「新文化運動，是覺得舊的
文化還有不足的地方，更加上新的科學、宗教、道德、文學、
美術、音樂等運動。」[1] 由此可見，這個今人表彰不已的「新文
化運動」，最初就是個大籮筐，除了政治、軍事、經濟，其他
的都可往裏面裝。

　　本文所要討論的是，「新文化運動」到底從何而來、應如
何劃定邊界，並闡明其發展動力。

一、被建構的「新文化運動」

　　很難説是誰第一個使用「新文化運動」這個詞，但有一點可
以肯定，這不是陳獨秀、胡適的自我命名。1920年4月1日，
陳獨秀在《新青年》發表〈新文化運動是什麼？〉，開篇就是：

> 「新文化運動」這個名詞，現在我們社會裏很流行。究竟新
> 文化底內容是些什麼，倘然不明白他的內容，會不會有因
> 誤解及缺點而發生流弊的危險，這都是我們贊成新文化運
> 動的人應該注意的事呵！

1　陳獨秀：〈新文化運動是什麼？〉，《新青年》，第7卷第5號（1920年4
　　月1日）；又見三聯書店編：《陳獨秀文章選編》，上冊（北京：三聯書
　　店，1984），頁512。

這裏有兩點值得注意：第一，這是個新名詞，但已經在社會上廣泛流通了；第二，這新詞不是陳獨秀創造的，他只是「贊成」而已。同年9月17日，胡適在北京大學開學典禮上演講，也有類似的表述：

> 我暑假裏，在南京高等師範的暑期學校裏講演，聽講的有七八百人，算是最時髦的教員了。這些教員是從十七省來的，故我常常願意同他們談天。他們見面第一句話就恭維我，說我是「新文化運動」的領袖。我聽了這話，真是「慚惶無地」。因為我無論在何處，從來不曾敢說我做的是新文化運動。他們又常常問我，新文化的前途如何，我也實在回答不出來。[2]

對於已經變得非常時髦的新名詞「新文化運動」，作為主將的陳獨秀好歹還是認領了；而年少氣盛的胡適，則乾脆否認自己所從事的就是「新文化運動」。

對於最早使用「新文化運動」這個詞的那些人，魯迅明顯不太信任。在撰於1925年11月的《熱風·題記》中，魯迅有這麼一段精彩的描述：

> 五四運動之後，我沒有寫什麼文字，現在已經說不清是不做，還是散失消滅的了。但那時革新運動，表現上卻頗有

2　胡適：〈提高與普及〉，《北京大學日刊》，1920年9月18日；又見季羨林主編：《胡適全集》，第20卷（合肥：安徽教育出版社，2003），頁66。

些成功，於是主張革新的也就蓬蓬勃勃，而且有許多還就是在先譏笑，嘲罵《新青年》的人們，但他們卻是另起了一個冠冕堂皇的名目：新文化運動。這也就是後來又將這名目反套在《新青年》身上，而又加以嘲罵譏笑的，正如笑罵白話文的人，往往自稱最得風氣之先，早經主張過白話文一樣。[3]

在一年後所撰〈寫在《墳》後面〉中，魯迅再次表達了對於命名者的不恭：「記得初提倡白話的時候，是得到各方面劇烈的攻擊的。後來白話漸漸通行了，勢不可遏，有些人便一轉而引為自己之功，美其名曰『新文化運動』。」[4]魯迅沒說最初的命名者是誰，但言談中不無譏諷——那可是大勢所趨時，用來「收割光榮」的聰明伎倆。大轉折時代，風氣說變就變，「新文化運動」很快就洗去了塵埃，成了萬眾矚目的「絕妙好辭」。這個時候，那些原本猶豫、質疑、譏諷的，也都「咸與維新」了。

曾經風起雲湧的新社會、新青年、新思潮、新道德、新信仰、新思想、新學術、新文學等，如今被集約成了「新文化運動」，這雖非陳、胡等人的初衷，但既然已經流行開來，作為始倡者，你不認也得認。況且，反對者打上門來，用的是〈論新文化運動〉、〈評新文化運動〉、〈評提倡新文化者〉等醒目的

3　魯迅：〈熱風‧題記〉，收入《魯迅全集》，第1卷（北京：人民文學出版社，1981），頁291–292。

4　魯迅：〈寫在《墳》後面〉，收入《魯迅全集》，第1卷，頁285。

標題；[5]而敏感的出版界聞風而動，編的也是《新文化辭書》。[6]因此，陳、胡等人只好也跟著討論起什麼是「新文化運動」來。

比起1915年〈敬告青年〉的「自主的而非奴隸的」、「進步的而非保守的」、「進取的而非退隱的」、「世界的而非鎖國的」、「實利的而非虛文的」、「科學的而非想像的」，[7]毫無疑問，1919年1月的〈《新青年》罪案之答辯書〉更為旗幟鮮明，也更能體現「新文化運動」的精髓：

> 要擁護那德先生，便不得不反對孔教、禮法、貞節、舊倫理、舊政治。要擁護那賽先生，便不得不反對舊藝術、舊宗教。要擁護德先生又要擁護賽先生，便不得不反對國粹和舊文學。[8]

5　參見吳宓：〈論新文化運動〉，《學衡》，第4期（1922年4月）；章士釗：〈評新文化運動〉，《新聞報》（1923年8月21日–22日）；梅光迪：〈評提倡新文化者〉，《學衡》，第1期（1922年1月）。後兩文收入鄭振鐸編選：《中國新文學大系‧文學論爭集》（上海：良友圖書公司，1935）頁195–201、127–132。

6　1923年商務印書館出版唐敬杲編輯的《新文化辭書》，日後多次重印，頗有市場及影響力。此書序言稱：「本書關於政治、宗教、經濟、法律、社會、哲學、文藝、美術、心理、倫理、教育，以及自然科學方面凡是和新文化有關係而為我人所必需的知識，和對於各方面有重大貢獻的學者底傳記及其學說，兼收博採，分條列述。」

7　陳獨秀：〈敬告青年〉，《青年雜誌》，第1卷第1號（1915年9月15日）；又見《陳獨秀文章選編》，上冊，頁73–78。

8　陳獨秀：〈《新青年》罪案之答辯書〉，《新青年》，第6卷第1號（1919年1月15日）；又見《陳獨秀文章選編》，上冊，頁317。

面對如一潭死水的傳統中國，陳獨秀高舉「民主」與「科學」的大旗，橫掃千軍如捲席，雖如蠻牛闖進了瓷器店，撞倒了不少好東西，但畢竟促成了國人對於「舊文化」的深刻反省。此後的中國人，不再迷信「天不變，道亦不變」，而是學會追問「從來如此，便對嗎？」[9]在這個意義上，新文化運動時期的陳獨秀，最讓後人追懷的，不是具體論點，而是其堅定的立場與勇猛的身姿。

陳獨秀於1921年10月4日因宣傳共產主義被上海租界的法國巡捕逮捕

有一點值得注意，這一時期的陳獨秀，談「新文化運動」時，是不包含實際政治的。在〈新文化運動是什麼？〉一文中，陳獨秀稱「文化是對軍事、政治（是指實際政治而言，至於政治哲學仍應該歸到文化）、產業而言」，因此，「新文化運動」只包含「新的科學、宗教、道德、文學、美術、音樂等運動」，而不涉及現實政治。[10]在陳獨秀看來，「文化運動」與「社會運動」是兩回事，不該混為一談。把政治、實業、交通都拉進來，這「文化運動」就變得無所不包；若連軍事也進來了，「那便成了

9　參見魯迅：《狂人日記》，收入《魯迅全集》，第1卷，頁428。

10　陳獨秀：〈新文化運動是什麼？〉，收入《陳獨秀文章選編》，上冊，頁512。

武化運動了，豈非怪之又怪嗎」。[11]最好是分途發展，「文化運動」與「社會運動」各走各的路。對於魚與熊掌之不可兼得，陳獨秀有清醒的認識：

> 有一班人以為從事文化運動的人一定要從事社會運動，其實大大的不然；一個人若真能埋頭在文藝、科學上做工夫，什麼婦女問題、勞動問題，鬧得天翻地覆他都不理，甚至於還發點頑固的反對議論，也不害在文化運動上的成績。[12]

同樣道理，從事社會運動的，不必要求其在文化運動上有成績。此文意在提倡新文化運動，故強調「創造文化，本是一民族重大的責任，艱難的事業」，反對「拿文化運動當作改良政治及社會底直接工具」。[13]可作為壯懷激烈的「老革命黨」，陳獨秀的真正興趣還是在社會運動。此文發表後兩個月，陳便在上海參與創建中國共產黨，此後更全身心地投入風雲激盪的實際政治。

反倒是書生氣十足的胡適，老是想不清楚，以為《新青年》同人原本可固守不談政治的約定，僅在思想文化領域大做文章的。因此，對於五四運動的爆發，以及日後的政治走向，胡適一直耿耿於懷。1960年5月4日，胡適應臺北廣播電台的請求，做了題為「『五四』運動是青年愛國的運動」的錄音演講，

11　陳獨秀：〈文化運動與社會運動〉，《新青年》，第9卷第1號（1921年5月1日）；又見《陳獨秀文章選編》，中冊，頁119–120。

12　陳獨秀：〈文化運動與社會運動〉，收入《陳獨秀文章選編》，中冊，頁119。

13　同上注，頁120。

其中提及「到了『五四』之後，大家看看，學生是一個力量，是個政治的力量，思想是政治的武器」，因此各黨派紛紛介入：

> 從此以後，我們純粹文學的、文化的、思想的一個文藝復興運動，有的時候叫新思想運動、新思潮運動、新文化運動、文藝復興運動就變了質啦，就走上政治一條路上。[14]

類似的說法，胡適一直堅持，在「口述自傳」中，也曾將五四運動稱為「一場不幸的政治干擾」，因為「它把一個文化運動轉變成一個政治運動」。[15]身為歷史學家，明知「沒有不在政治史上發生影響的文化」，卻幻想有一種不受政治塵埃污染的「純粹的思想文化運動」，實在過於天真。[16]

1919年胡適（後排左一）邀請杜威（前排右一）來華講學，
不久便發生了五四運動。胡適深受杜威的教育與哲學思想所影響。

14　胡適：〈「五四」運動是青年愛國的運動〉，收入《胡適全集》，第22卷，頁807。

15　參見唐德剛譯：《胡適口述自傳》（北京：華文出版社，1992），頁206。

16　參見胡適：〈我的歧路〉，收入《胡適全集》，第2卷，頁470；陳平原：《中國現代學術之建立──以章太炎、胡適之為中心》，第二版（北京：北京大學出版社，2010），頁112。

那麼，在陳獨秀、胡適眼中，此等與「社會運動」有所切割的「文化運動」，到底包含哪些內容？所謂「新的科學、宗教、道德、文學、美術、音樂等運動」，陳獨秀的説法不免太籠統。胡適則在不同時期有不同論述，我最看重的，是1929年所撰〈新文化運動與國民黨〉：

> 新文化運動的大貢獻在於指出歐洲的新文明不但是物質文明比我們中國高明，連思想學術，文學美術，風俗道德都比我們高明的多。陳獨秀先生曾指出新文化運動只是擁護兩位先生，一位是賽先生（科學），一位是德先生（民治）。吳稚暉先生後來加上一位穆拉爾姑娘（道德）。[17]

這裏的關鍵，是「態度」而非具體論述。也就是説，當下中國，到底是主張復古，擁抱國粹，還是打開心胸，接受西方文明：「新文化運動的根本意義是承認中國舊文化不適宜於現代的環境，而提倡充分接受世界的新文明。」[18]

無論是當初的挑戰國民黨，還是日後因「全盤西化」（胡適本人的説法是「充分世界化」）備受非難，胡適所堅持的「新文化運動」立場，若一言以蔽之，就是用現代西方文化改造傳統中國文化。準確地説，這不是胡適一個人的立場，而是「新文化運動」的基本宗旨。

17　胡適：〈新文化運動與國民黨〉，《新月》，第2卷第6–7號合刊（1929年9月10日）（文末注寫於11月29日，應是雜誌脱期）；又見《胡適全集》，第21卷，頁444。

18　胡適：〈新文化運動與國民黨〉，收入《胡適全集》，第21卷，頁440。

對於新文化運動的宗旨、內涵及功過得失，中外學界多有論述，這裏僅從一個特定角度，追蹤此「運動」的來龍去脈，藉以辨析其運作方式。

二、平視「晚清」與「五四」

若問「新文化」何以成為「運動」，首先必須確定，這故事到底該如何開篇，怎樣收尾。單看上面引述的陳獨秀、胡適、魯迅等人文章，很容易得出一個印象，應以1915年或1917年為開端——前者指的是《新青年》創刊，後者則是「文學革命」的提倡。考慮到「文學革命」(白話文運動) 也是思想啟蒙的一個有機組成部分，不管論述重點何在，學者大都傾向於從《新青年》說起。

除了此主流論述，還有另外一種思路，那就是溯源至戊戌維新。出於對自家功業的體認，一般情況下，胡適更願意凸顯1917年的重要性，如「我認定民國六年以後的新文化運動的目的是再造中國文明」云云，[19]但在1929年的〈新文化運動與國民黨〉中，為了說明「新文化運動」淵源有自，自稱有「歷史癖」的適之先生，竟有如此通達的見解：

> 中國的新文化運動起於戊戌維新運動。戊戌運動的意義是要推翻舊有的政制而採用新的政制。後來梁啟超先生辦

19　胡適：〈介紹我自己的思想〉，收入《胡適全集》，第4卷，頁659。

《新民叢報》，自稱「中國之新民」，著了許多篇〈新民說〉，
指出中國舊文化缺乏西方民族的許多「美德」，如公德，國
家思想，冒險，權利思想，自由，自治，進步，合群，毅
力，尚武等等；他甚至於指出中國人缺乏私德！這樣推崇
西方文明而指斥中國固有的文明，確是中國思想史上的一
個新紀元。同時吳趼人，劉鐵雲，李伯元等人的「譴責小
說」，竭力攻擊中國政治社會的腐敗情形，也是取同樣的
一種態度。[20]

公開推崇梁啟超等晚清一代的歷史貢獻，明確將「新文化運動」
的起源追溯到戊戌維新，這對於當事人胡適來說，是十分難得
的。為什麼這麼說？因為，五四一代平常是不怎麼表彰晚清前
輩的。每一代文人學者，在其崛起的關鍵時刻，普遍擔心被上
一代人的光環所籠罩，隱約都有弒父情結——或談論時刻意
迴避，或採取激進的反叛姿態。對後代或上幾代可以很客氣，
唯獨對上一代特別挑剔，如此「遠交近攻」，不管是否自覺意
識到，都是「影響的焦慮」在作怪。[21]比如胡適談白話文學，可
以追溯到漢魏樂府、唐代的白話詩及禪門語錄、宋代的詞及話
本、金元的小曲與雜劇、明清的小說等，就是不認真面對近在
眼前的晚清白話文運動，因其容易顛覆「1916年以來的文學革

20　胡適：〈新文化運動與國民黨〉，收入《胡適全集》，第21卷，頁442。
21　參見哈羅德‧布魯姆著、徐文博譯：《影響的焦慮》(北京：三聯書
　　店，1989)。

命運動，方才是有意的主張白話文學」的立論。[22]同樣提倡白話文，晚清一代與五四一代在宗旨、策略及實際效果上確有很大差異，[23]但這個差異不該導致故意抹殺前人的業績。

有意無意地壓抑上一代人的功業，這本是司空見慣；可因為五四新文化人的自我建構實在太成功，以致後來者往往直接套用其論述，這就使晚清一代處於非常不利的地位。以文學史寫作為例，歷史上很少有像五四那代人一樣，能在功成身退後，藉編選《中國新文學大系》而迅速地「自我經典化」，且深刻地影響了日後的歷史書寫。[24]也正因此，在中國大陸，談及古典中國向現代中國過渡這一重大轉折，很長時間裏，晚清一代的身影顯得相當模糊，其功業也被嚴重低估。這裏有毛澤東〈新民主主義論〉的決定性影響，但也與五四新文化人的精彩表現與自我塑造有關。

最近二十年，無論國內還是國外，關注晚清的學者日漸增加，對晚清文學／文化／思想／學術的評價也越來越高，「沒有

22　胡適：〈五十年來中國之文學〉，《胡適古典文學研究論集》（上海：上海古籍出版社，1988），頁151–153。

23　不說胡適、魯迅、周作人，即便從晚清走過來的蔡元培，也在〈《中國新文學大系》總序〉中稱：「（晚清）那時候作白話文的緣故，是專為通俗易解，可以普及常識，並非取文言而代之。主張以白話代文言，而高揭文學革命的旗幟，這是從《新青年》時代開始的。」見高平叔編：《蔡元培全集》，第6卷（北京：中華書局，1988），頁575。

24　參見陳平原：〈學術史上的「現代文學」〉，《中國現代文學研究叢刊》，第1期（1997）；〈在「文學史著」與「出版工程」之間——《中國新文學大系導言集》導讀〉，《現代中國》，第15輯（北京：北京大學出版社，2014）。

晚清，何來『五四』」更是成為流行一時的口號。[25]這裏不想討論晚清與五四誰高誰低、孰是孰非，而是探究將「新青年」與「老革命黨」合而論之的可能性與必要性。

作為個體的研究者，有人獨尊五四，有人喜歡晚清，只要能自圓其說，不存在任何違礙。至於談「新文化」到底該從何說起，更是取決於各自的理論預設，沒有一定之規。上世紀二三十年代的研究者，談晚清而兼及五四（如陳炳堃《最近三十年中國文學史》，上海太平洋書店，1930），或談五四而兼及晚清（如郭湛波的《近五十年中國思想史》，北平人文書店，1936），都是很平常的事。至於上海申報館為紀念創辦五十周年（1872–1922）而出版特刊《最近之五十年》，各專題論述都必定跨越晚清與五四（如胡適的〈五十年來中國之文學〉）。關鍵在於，那個時候學科邊界尚未建立，學者盡可自由馳騁。

討論「新文化運動」，照理說，最該直接面對的是伍啟元所著《中國新文化運動概觀》。這本1934年上海現代書局刊行的小冊子，共十四章，分上下篇。作者野心很大，第一章從經濟變遷談學術思潮，最後一章牽涉諸多哲學論戰，中間辨析文學革命、實驗主義、疑古思潮、國故整理、唯物辯證法，以及人生觀論戰、東西文化討論、社會史論戰等，這麼多話題，180頁的篇幅如何容納得下？好在此書基本上是撮述與摘引，每章後附錄參考文獻。書名原定《現代中國學術思想史》，出

25　參見王德威著、宋偉傑譯：《被壓抑的現代性──晚清小說新論》（北京：北京大學出版社，2005）一書的導論〈沒有晚清，何來「五四」？〉。

版前接受朋友的建議，改成現在的名字，這也就難怪書中常見
「中國學術思想的變遷」之類的説法。[26]作者將1840至1930這
九十年間的學術思想分為三大階段：鴉片戰爭到甲午戰爭，
「可以叫做中國舊文化的衰落期」；甲午戰後到民國初年，因
「西洋文化的接受事業，大有一日千里的趨勢，這個階段可以
叫做新文化運動的啟蒙時期」；「第三個階段始於民國五年，直
到現在。在這個時期內，學術思想界正式豎起新文化的大旗，
極力提倡西洋文化；實在可以算是新文化運動的全盛時期。」[27]
雖説作者認定「新文化運動始於戊戌維新運動的時候；但到民
五才正式的提倡」，[28]可具體論述時，除了第三章「文學革命運
動和新文化運動」略微牽涉梁啟超、譚嗣同、王國維等，其他
各章均與晚清思想界無涉。至於一直討論到兼及學問與政爭的
中國社會性質問題論戰，[29]更可見作者心目中的「新文化運動」
並無確定上下限，不過類似於陳炳堃的「最近三十年」或郭湛
波的「近五十年」。

　　隨著「新文學」課程的開設以及「現代文學」學科的逐步建
立，談論「新文化運動」，日漸傾向於截斷眾流，從《新青年》
的「開天闢地」説起。新中國成立後，這一強化意識形態立場

26　建議修改書名的，是作者在滬江大學時的老同學潘廣熔，參見潘為伍
　　啟元著：《中國新文化運動概觀》(上海：現代書局，1934)撰寫的〈序〉。

27　參見伍啟元：《中國新文化運動概觀》，頁3。

28　同上注，頁36。

29　全書篇幅最長的，正是這一章。別章十頁左右，此章四十五頁。除了
　　話題近在眼前，更因作者在經濟學方面的學養比較深厚。參見伍啟
　　元：《中國新文化運動概觀》，頁127–172。

梁啟超（前排左一）、譚嗣同（雙手合十者），攝於1896年9月，上海

的主流論述，迅速將康梁的戊戌維新排除在「新文化運動」之外。只有個別學者，始終平視晚清與五四，甚至將二者「混為一談」。採取這一學術立場的，包括美國學者張灝以及始終生活在中國大陸的我。

「在從傳統到現代中國文化的轉變中，十九世紀九十年代中葉至二十世紀最初十年裏發生的思想變化應被看成是一個比『五四』時代更為重要的分水嶺。」[30]基於此判斷，張灝談論「中國思想的過渡」時，就從梁啟超這位「過渡時代的英雄」入手。此書寫於四十多年前，受當時的學術潮流牽制，談及梁啟超與五四一代的思想聯繫時，作者顯得遲疑不決。隨著研究的深

30　張灝著、崔志海等譯：《梁啟超與中國思想的過渡（1890–1907）》（南京：江蘇人民出版社，1993），頁218。

入，張灝方才不再強調晚清與五四的巨大裂縫。回頭看，張灝對於「轉型時代」的定義，有過四重轉折——1971年哈佛大學出版社版《梁啟超與中國思想的過渡》定為1890至1911年；1978年發表〈晚清思想發展試論——幾個基本論點的提出與檢討〉，修正為1895至1911年；1990年發表〈形象與實質——再說五四思想〉再次修正為1895至1920年；而收錄在2004年聯經版《時代的探索》中的若干論文，則最後確定為1895至1925年。[31]同樣談思想史上的「轉型時代」，前兩次囿於晚清，後兩次則延伸至五四時期。

思想史專家張灝先生這一兼及乃至平視「晚清」與「五四」的思路，與我對中國文學轉型的論述頗為相近。張先生是前輩，我在《中國現代學術之建立》中曾引述其將諸子學的復興、大乘佛學的重新崛起，以及儒家傳統中經世致用思想的凸顯作為影響晚清思想潮流的三大本土資源。[32]但在我撰寫《中國小說敘事模式的轉變》時，張先生尚未將「轉型時代」延伸至五四。在此書〈導言〉中，我專門談到：

31　參見丘為君：〈轉型時代——理念的形成、意義與時間定限〉，收入王汎森等著：《中國近代思想史的轉型時代——張灝院士七秩祝壽論文集》(台北：聯經出版事業公司，2007)，頁507–530。

32　參見張灝著、高力克等譯：《危機中的中國知識分子——尋求秩序與意義》(太原：山西人民出版社，1988)，頁14–28；陳平原著：《中國現代學術之建立——以章太炎、胡適之為中心》，第二版(北京：北京大學出版社，2010)，頁204、258。

毫無疑問，五四作家和被他們稱為「老新黨」的「新小說」家有很大的差別——從思想意識到具體的藝術感受方式。但我仍然把梁啟超、吳趼人、林紓為代表的「新小說」家和魯迅、郁達夫、葉聖陶為代表的五四作家放在一起論述，強調他們共同完成了中國小說敘事模式的轉變。[33]

十年後，在《中國現代學術之建立——以章太炎、胡適之為中心》的〈導論〉中，我再次強調：

承認晚清新學對於當代中國文化的發展具有某種潛在而微妙的制約，這點比較容易被接受。可本書並不滿足於此，而是突出晚清和五四兩代學人的「共謀」，開創了中國現代學術的新天地。[34]

到了2005年，我推出《觸摸歷史與進入五四》，依舊主張談論「五四」必須兼及「晚清」：

這不僅僅是具體的論述策略，更是作者一以貫之的學術立場。談論「五四」時，格外關注「五四」中的「晚清」；反過來，研究「晚清」時，則努力開掘「晚清」中的「五四」。因為，在我看來，正是這兩代人的合謀與合力，完成了中國文化從古典到現代的轉型。[35]

33　陳平原：《中國小說敘事模式的轉變》（上海：上海人民出版社，1988），頁30–31。

34　陳平原：《中國現代學術之建立——以章太炎、胡適之為中心》（北京：北京大學出版社，1998），頁5。

35　陳平原：《觸摸歷史與進入五四》（北京：北京大學出版社，2005），頁3。

雖然「轉型時代」上下限的劃定略有差異——我說1898至1927，張先生說1895至1925，但主張平視「晚清」與「五四」，卻是一致的。

作為思想史家，張灝從梁啟超入手，擴展到晚清一代「危機中的知識分子」，再逐漸延伸至五四一代；我則是現代文學專業出身，最初的研究對象是魯迅、胡適等，追蹤其思想淵源，逐步上溯到晚清。同是關注知識轉型，張側重認同取向與危機意識，我則關注語言轉向及文體革新。思辨程度與操作方式不太一樣，但殊途同歸，都主張將1890年代至1920年代這三十年作為一個整體來把握與闡釋。

這一思路背後，是淡化「事件」（如「戊戌變法」或「五四事件」）的戲劇性，凸顯「進程」的漫長與曲折。談論「轉型時代」，本就傾向於中長時段研究，是在三五百年的視野中，分析中國思想或中國文學發展的大趨勢。並且，不是千里走單騎，而是綜合考量變革的諸多面向，如社會動盪、政治劇變、文化衝突、知識轉型、思想啟蒙、文學革命等。因此，不好簡單地歸功或歸咎於某突發事件。這裏的起承轉合、得失利弊，不是三五天或一兩年就能「水落石出」的。

另外，談及現代中國思想、文學、學術的嬗變或轉型，最好兼及「硬件」與「軟件」——這當然只是比喻，卻也頗為貼切。對於「新文化運動」來說，新思想的內涵如民主、科學、獨立、自由等，不妨比作「軟件」；而傳播新思想的工具，如報刊雜誌、新式學校、學會等，則可視為「硬件」。在一個危機四伏的時代，「硬件」與「軟件」同樣值得期待。在那篇高屋建瓴的〈中

國近代思想史的轉型時代〉中，張灝除了描述中國文化出現了空前的取向危機，加上新的思想論域適時浮現，轉型時代中國知識分子的思想內涵產生了巨大的變化，更強調：「在轉型時代，報章雜誌、學校與學會三者同時出現，互相影響，彼此作用，使得新思想的傳播達到空前未有的高峰。」[36] 一般來說，思想史家更喜歡形而上的邏輯推演，難得兼及瑣碎的文化史料，張灝先生描述「轉型時代」時之「軟硬兼施」，深得我心。

晚清迅速崛起的報章及出版，其傳播新文化的意義，連政治家都很早就意識到了。1920年1月29日，孫中山撰〈致海外國民黨同志書〉，其中有這麼一段：「此種新文化運動，在我國今日，誠思想界空前之大變動。推原其始，不過由於出版界之一二覺悟者從事提倡，遂至輿論放大異彩，學潮瀰漫全國，人皆激發天良，誓死為愛國之運動。」[37] 當然，最精彩的論述，還屬梁啟超的「傳播文明三利器」。[38] 我曾多次引述梁啟超的這一說法，且努力鉤稽晚清以降學堂、報章、演說在傳播新文化方面的貢獻。

其實，鉤稽與整理新聞史、出版史、教育史方面的資料並不困難（實際上已有不少成果可借鑑），難的是如何讓「硬件」

36　張灝：〈中國近代思想史的轉型時代〉，《二十一世紀》，4月號（1999），頁29–39。

37　孫中山：〈關於五四運動〉，收入《孫中山選集》，第二版（北京：人民出版社，1981），頁482。

38　梁啟超：〈自由書‧傳播文明三利器〉，載氏著：《飲冰室合集‧專集》，第2冊卷2（上海：中華書局，1936），頁41。

與「軟件」變得水乳交融。誰都知道，「三利器」對於文學革命、知識更新、思想轉型功不可沒；可怎麼使有形的物質與無形的精神結合得天衣無縫，才是難處所在。這方面，我做了若干嘗試，比較得意的是〈小說的書面化傾向與敘事模式的轉變〉、〈新教育與新文學——從京師大學堂到北京大學〉、〈有聲的中國——「演說」與近現代中國文章變革〉等文。[39]

三、「兩代人」如何「合力」

談論思想史或文學史的「轉型時代」，從1895年還是1898年說起，差別其實不大，都是著眼於甲午戰敗後中國讀書人的自我覺醒，以及由此展開的轟轟烈烈的維新運動。值得認真辨析的，反而是各自下限的設定——張定1925年，我定1927年，這到底有何玄機？

王汎森為《中國近代思想史的轉型時代——張灝院士七秩祝壽論文集》撰寫序言，其中有這麼一段：

> 我推測張先生是以「主義時代」的興起為「轉型時代」的下限……「主義時代」興起之後，原先那種充滿危機與混

39　參見陳平原：〈小說的書面化傾向與敘事模式的轉變〉，載氏著：《中國小說敘事模式的轉變》；〈新教育與新文學——從京師大學堂到北京大學〉，收入陳平原等編：《學人》，第14輯（南京：江蘇文藝出版社，1998）；〈有聲的中國——「演說」與近現代中國文章變革〉，《文學評論》，第3期（2007）。

亂，同時也是萬馬爭鳴的探索、創新、多元的局面，逐漸
歸於一元，被一套套新的政治意識形態所籠罩、宰制，標
幟著「轉型時代」的結束。[40]

對於「主義時代」興起導致創新、多元局面的消失，我與張先
生深有同感。此前，在《中國現代學術之建立——以章太炎、
胡適之為中心》的「導論」中，我也曾強調：

> 在我看來，1927年以後的中國學界，新的學術範式已經確
> 立，基本學科及重要命題已經勘定，本世紀影響深遠的眾
> 多大學者也已登場。另一方面，隨著輿論一律、黨化教育
> 的推行，晚清開創的眾聲喧嘩、思想多元的局面也不復存
> 在，取而代之的是立場堅定、旗幟鮮明的黨派與主義之
> 爭，二十世紀中國學術從此進入了一個新的時代。[41]

為何將下限定在1927而不是1925呢？除了這一年南京國民政
府成立，形式上統一了四分五裂的中國，此後主要是國共兩黨
之爭；還有一點很重要，那就是尊重五四新文化人的自我體
認。當初商談如何選編《中國新文學大系》時，有過一番討論，
最後確定的時段是1917至1927年。這「偉大的十年間」，他們
站在舞台的中心，是當之無愧的主角；以後就不一樣了，不僅

40　王汎森：〈《中國近代思想史的轉型時代》序〉，收入王汎森等著：《中
　　國近代思想史的轉型時代——張灝院士七秩祝壽論文集》。

41　參見陳平原：《中國現代學術之建立——以章太炎、胡適之為中心》
　　（北京：北京大學出版社，1998），頁6–8。

「《新青年》的團體散掉了」,[42]而且被「一擠擠成了三代以上的古人」。[43]

之所以強調尊重五四新文化人的自我體認,那是因為,在我看來,從古典中國到現代中國的轉型,是由「兩代人的合力」促成的。引入「代」的概念,是本論述得以展開的關鍵。

據馮雪峰追憶,在1936年6月大病前後,魯迅多次談及撰寫知識分子題材長篇小說的設想:

> 有一天,我們談著,我說魯迅先生深知四代的知識分子,一代是章太炎先生他們;其次是魯迅先生自己的一代;第三,是相當於例如瞿秋白等人的一代;最後就是現在為我們似的這類年齡的青年……他當時說,「倘要寫,關於知識分子我是可以寫的……而且我不寫,關於前兩代恐怕將來也沒有人能寫了。」[44]

此處引證的重點,不在長篇小說如何結構,而是知識分子怎樣分代。章太炎屬於晚清一代,魯迅本人是五四一代,這都沒有疑問;有疑問的是瞿秋白(1899–1935)與馮雪峰(1903–1976)到底算一代還是兩代。因與本文主旨無關,可以按下不表。

42　參見魯迅:〈《自選集》自序〉,收入《魯迅全集》,第4卷,頁456。

43　《中國新文學大系》各卷編者中,有好幾位引述這句話;原話不是劉半農說的,是他在編《初期白話詩稿》時,轉引陳衡哲的感嘆。參見陳平原:〈在「文學史著」與「出版工程」之間 ——《中國新文學学大系導言集》導讀〉。

44　參見馮雪峰:〈魯迅先生計劃而未完成的著作〉,載氏著:《魯迅論及其他》(桂林:充實社,1940),頁28–29。

上世紀七十年代末，也就是改革開放初期，李澤厚的《中國近代思想史論》風靡整個中國學界，書中曾引述魯迅的四代知識分子說，然後加以引申發揮：

> 總之，辛亥的一代、五四的一代、大革命的一代、「三八式」的一代。如果再加上解放的一代（四十年代後期和五十年代）和文化大革命紅衛兵的一代，是迄今中國革命中的六代知識分子（第七代將是一個全新的歷史時期）。每一代都各有其時代所賦予的特點和風貌，教養和精神，優點和局限。[45]

李著的具體論述，受那個時代意識形態的制約，如採用政治事件命名，且聲明「工農出身的知識分子未計在內」，[46]但當時確實讓人耳目一新。八年後刊行的《中國現代思想史論》，依舊持六代說；而在論及第二代與第三代知識分子的差異時，有一段精彩的描述：

> 馮友蘭雖然只比梁漱溟小兩歲，卻是梁的學生輩。就整個中國近現代思想邏輯的六代說，他屬於第三代。這一代知識分子的有成就者，大抵是在一些具體專業領域（政治、軍事、學術……）開創一些具體的範式，它與第二代的範式不同，它們更為科學、更為實證、更為專門化，而不像上一代那樣，雖清晰、開闊、活潑卻模糊、籠統、空泛。

45　李澤厚：《中國近代思想史論》（北京：人民出版社，1979），頁470。

46　同上注，頁471。

這也是瞿秋白、毛澤東、馮友蘭、陳寅恪、顧頡剛等人不同於李大釗、陳獨秀、胡適、梁漱溟、錢玄同等人所在。[47]

在此書的〈後記〉中，李澤厚提及這本書原本打算講中國近現代六代知識分子的，可惜最後只是擦了個邊，沒能真正涉足。

關於「代」的概念，李澤厚明顯傾向於社會學的立場：「『代』的研究注意於這些『在成年時（大約17至25歲）具有共同社會經驗的人』在行為習慣、思維模式、情感態度、人生觀念、價值尺度、道德標準……等各方面具有的歷史性格。」[48] 而在我看來，除了共同的成長經驗，更重要的是表演舞台。有才華者，不見得有好的機遇；同台表演的共同記憶，不僅日後津津樂道，更是重要的象徵資本。

歷史學家眼中的「代」，與社會學家眼中的「代」，很可能頗有出入。在前者看來，「這種有獨立歷史品格的『代』的形成，不完全依賴生理的年齡組合以及生物的自然演進，更注重知識結構與表演舞台，因而，有提前崛起的，也有延遲退休的。」而思想史、文學史、學術史上「代」的更迭，不僅僅是換了一批新面孔，而很可能是意味著審美趣味、學術思路以及研究模式的轉移。「隨著有共同生活感受和學術訓練的新一代學人的崛起，學術界很可能『煥然一新』。這裏的『新』與『舊』，

47　李澤厚：《中國現代思想史論》（北京：東方出版社，1987），頁300。

48　同上注，頁343。

只是現象描述，並非價值評判。」[49] 相對於此前此後的各代，晚清及五四這兩代人，均生活在「西學東漸」與「古學復興」的巨大張力中，經由一番艱難且痛苦的探索，終於闖出一條新路來，在思想、文學、學術等方面，基本完成了從古典中國向現代中國的過渡。

從近處看，他們每個人都不一樣，有時還爭得死去活來；可拉開距離，在三五百年的視野裏，他們之間的差異性，遠不如共同性大。絕對的保守與革命、國粹與西學、承繼與斷裂，其實不是很多；大部分情況下是偏向某一方面，且經常因時因地調整立場。有觀念的差異，有策略的不同，但更多的是受個人處境與才情以及時勢的壓迫而「與時俱進」。在晚清是激進的，到了五四時期，很可能轉為保守（如林紓）；當然，也有反其道而行之的（如錢玄同）。至於政治與學術、公德與私德、文章與經世之間的縫隙，那就更加比比皆是了。在談及梁啟超與革命派的論戰時，張灝稱：

> 雖然梁與他的主要反對者革命派在廣泛的思想意識問題上存在分歧，但仔細考察兩派的文章可以發現，就基本價值觀來說，他們的一致性遠勝於他們的分歧。[50]

49　參見陳平原：〈四代人的文學史研究圖景〉，《北京大學學報》，第4期（1997）。

50　張灝著、崔志海等譯：《梁啟超與中國思想的過渡（1890–1907）》，頁212。

因是早期著述,張灝在接下來討論梁啟超與五四一代的同異時,還是希望劃清界線。可言語之間,你能明顯感覺到作者的「遲疑不決」。晚清與五四,這兩代人在政治理念、人格理想、知識類型以及審美趣味方面雖有很大差異,但基本上是走在同一條大路上,且不知不覺中「合力」做成了一件大事,那就是古典中國向現代中國的轉型。

晚清與五四這兩代人,只要參與維新或革新事業的,多少都有「接力」的關係。這裏所說的「接力」,包括人際關係、學術傳統、文化思潮、政治議題等。越是進入具體領域,「承前啟後」的痕跡就越明顯。你可以強調「承繼」,可以渲染「對話」,也可以突出「逆轉」與「反叛」,但史料擺在那裏,談「五四」無論如何不能繞過「晚清」。

在溝通中外、徘徊古今、穿越文白、兼擅文章與學術這幾個方面,晚清與五四這兩代人有很多共同記憶,只是立場與策略不太一樣而已。當初論戰時爭得你死我活,但無論勝敗正反,都參與到這場歷史大劇的製作中。這就好像一部多幕劇,開場時登台亮相的,說不定中間就退場了;第一幕跑龍套的,也可能第二、第三幕變成了主角。至於誰唱到最後,不等於誰就是最大的贏家。謝幕時出來領受掌聲的,應該是全體演員,而不僅僅是主角或最後一位演唱者。

談及「新文化」如何「運動」,不僅必須在激進與保守之間保持某種平衡,重新審視五四時期林紓、章士釗、吳宓、梅光迪等人的「反動言論」;而且努力平視「晚清」與「五四」,而非站在「五四」的立場來選擇性地溯源「晚清」。承認兩代人各有

特點，也各有魅力與局限，其「共同的合力」促成了思想史、文學史或學術史上的大轉型，這樣來闡述「運動」的醞釀與展開、轉折與推進，會有更加精彩的呈現。

不是每代人都有機會「創造歷史」，能在「三千年未有之大變局」的舞台上出演，不管是主角還是配角、是站在聚光燈下還是處於舞台邊緣，都是幸福的。那是一個政治上劇烈動盪、文化上生氣淋漓的時代。那兩代人的掙扎與痛苦、追求與失落、思考與前瞻，都是此前此後的讀書人所難以企及的。引入「兩代人的合力」，平視「五四」與「晚清」，在辨析時代主潮的同時，發掘問題的豐富性與複雜樣，是為了以更加開闊的視野與更加坦蕩的襟懷，來直面諸多「未完成」的時代話題。

2015 年 9 月 13 日於京西圓明園花園

何為／何謂「成功」的文化斷裂
——重新審讀五四新文化運動

一

晚清以降，中國人面臨「三千年未有之大變局」，先知先覺者多持「變革」態度。只是到底採取何種策略，是「破舊立新」，還是「立新」而不「破舊」，所謂激進與保守之爭，關鍵在這。最近十年，隨著「國學熱」以及文化保守主義思潮的興起，如何評價「五四」，成了論爭的焦點——譽者認為此乃「創造性轉化」，開啟了二十世紀中國政治／思想／文化／文學的新紀元，沒有「五四」，就沒有今日中國的崛起；毀者則將其與災難性的「無產階級文化大革命」相提並論，稱其全盤西化的主張，以及對傳統中國毫不留情的抨擊，導致了魯迅所譏笑的「革命，革革命，革革革命，革革……」[1]的激進主義思潮氾

---

*   本文初刊於《南方都市報》，2008 年 11 月 14 日。

1   魯迅：《而已集・小雜感》，收入《魯迅全集》，第 3 卷 (北京：人民文學出版社，1981)，頁 532。

濫。如何理解二十世紀中國諸多波瀾壯闊的大轉折，與怎樣闡釋五四新文化，二者密不可分。

在我看來，歷史從來都是蘊含著「演進」與「嬗變」、「延續」與「轉型」之互相纏繞，而並非朝著某一既定目標高歌猛進。有矛盾、有爭鬥、有漩渦、有斷裂，這都很正常；要不，總是「一團和氣」，這世界也太安靜太沒趣了。與過去對於「革命」的盲目崇拜相反，今日中國，刻意講求「和諧之美」，「斷裂」云云因而也就成了洪水猛獸、萬惡之源。大眾傳媒上，除了表彰太平盛世之「鶯歌燕舞」，再就是對於曾經有過的「文化斷裂」的一致譴責。

想像人類的天空「萬里無雲」，從未「陰霾密布」或「電閃雷鳴」，實在過於理想化了。陰晴無定、風雨交加，那就是正常的世界。而且，無論陰、晴、風、雨、雷、電，都有不可抹殺的歷史價值。今日被大眾傳媒妖魔化了的「文化斷裂」，作為「連續性」或「文化保守」的對立面，乃歷史進程的有機組成部分。大至人類文明的足跡，小到現代中國的進程，都是在變革與保守、連續與斷裂、蛻化與革新的對峙、抗爭與掙扎中，艱難前行。正因此，所謂「文化斷裂」，並非善惡美醜的價值判斷，而只是一種歷史描述，即社會生活、思想道德、文學藝術等處在一種激烈動盪的狀態——既可能從此了無牽掛掉頭東去，也可能藕斷絲連此恨綿綿，還可能「抽刀斷水水更流」。

在我看來，不僅「五四」(我不主張將其局限在1919年的學生運動，而希望兼及1915至1922年間在神州大地漸次展開

的文學革命、思想革命與政治革命，那方才是「五四新文化」最為迷人之處），戊戌變法（1898）、廢除科舉（1905）、辛亥革命（1911）、全面抗戰（1937–1945）、新中國建立（1949）、反右運動（1957）、十年文革（1966–1976）等，都呈現某種「文化斷裂」狀態。今人之隆重紀念「改革開放三十周年」，不也是意識到其對於此前歷史／文化的「破壞」與「中斷」？

討論「文化斷裂」，我加了個定語「成功的」，言下之意，有不成功或曰失敗的「文化斷裂」。之所以在「成功」上加了引號，意思是：這「成功」並非不言而喻，極有可能飽含爭議。至於「何謂」，指向公眾認可的、一般意義上的「成功」；而「何為」則是我心目中的、理想狀態的「文化斷裂」。

二

與其爭論五四是不是「文化斷裂」，不如轉而討論「五四」這一「斷裂」是否成功，該如何闡釋其起因、動力、方向以及後續效應。探討這個問題，必須明瞭以下三個前提：

第一，五四新文化內部的複雜性，遠非教科書的簡要敘述所能涵蓋。當年北大學生、日後成為著名學者的俞平伯，1979年撰〈「五四」六十周年紀念憶往事十章〉，其中有云：「同學少年多好事，一班刊物競成三。」自注：「先是北大中國文學門班中同學主持期刊凡三，《新潮》為其之一」。[2]除了以「文藝

2　俞平伯：〈「五四」六十周年憶往事〉（十首），《文匯報》，1979年5月4日。

復興」相號召的《新潮》，還有就是主張「昌明中國固有之學術」的《國故》，以及提倡「新舊學說並行、東西文化並重」的《國民》。一班同學尚有如此分歧，想像五四新文化運動「鐵板一塊」，那是很不現實的。今日學界之所以對新文化內部之「多元並存」缺乏了解與認知，很大程度緣於長期以來的意識形態宣傳以及歷史學家的誤導。

第二，經過幾十年持續不斷的「紀念」，今人對於五四新文化運動巨大聲勢的描述，頗有誇張之嫌。所謂五四的「文化斷裂」，應是對於一種發展趨勢的動態描述，而不是已然形成的生存狀態——不說具體人物，單是都市與鄉村、沿海與內陸之間的絕大差異，也使得民國政治思想史上的「保守勢力」，仍有很大的活動空間及影響力。所謂「全盤西化」的主張、「禮教吃人」的控訴、「打倒孔家店」的口號，在1920年代的中國，只是對於知識青年有較大的感召力。也就是說，五四的精神遺產，很長時間裏並沒有深入廣袤的鄉村與小鎮。這只不過是「死水微瀾」（借用李劼人長篇小說名字），預示著古老中國的初步覺醒。如果嫌小說家言「誇飾」，學者論述「趨時」，不妨翻翻當年的舊報紙，很容易明白這一點。

第三，所有成功的變革，都不會是「溫文爾雅」；即便你信誓旦旦追求「和平崛起」，也因打破原有的利益格局，而必然招致激烈的抵抗。人們注意到新文化人的「偏執」與「不寬容」，其實對手也好不到哪裏去。新舊之間，之所以無法平心靜氣地坐下來，條分縷析地討論問題，有立場差異，有利益糾葛，有佔位意識，還有論爭的策略。劉師培自稱「激烈派第一人」，

堅信只有「達於極點的議論」才能有效果；[3]魯迅則有拆屋子的妙喻：「中國人的性情是總喜歡調和，折中的。譬如你說，這屋子太暗，須在這裏開一個窗，大家一定不允許的。但如果你主張拆掉屋頂，他們就會來調和，願意開窗了。沒有更激烈的主張，他們總連平和的改革也不肯行。」[4]某種意義上，晚清以降諸多改革者之所以採取「決裂」姿態，也是基於這一策略性的考量。

三

為何稱五四新文化運動乃成功的「文化斷裂」，基於以下理由：

第一，成功的「文化斷裂」，不可能僅局限在文化層面，必定牽涉甚廣，尤其是制度性變遷。五四新文化運動有很多激動人心的口號，但最為成功之處是以白話取代文言，由此而文學革命、思想革命乃至政治革命。從具體而微的「文學形式」入手，逐漸推演到構建完整的「意識形態」，完成對於「帝制」的徹底埋葬。胡適感慨「『五四運動』是一場不幸的政治干擾」，使得中國人的「文藝復興」半途而廢，[5]這一思路並不可取。正是

3　劉師培：〈論激烈的效果〉，收入李妙根編：《劉師培論學論政》（上海：復旦大學出版社，1990），頁337。

4　魯迅：《三閑集・無聲的中國》，收入《魯迅全集》，第4卷，頁13–14。

5　參見胡適口述、唐德剛譯：〈「五四運動」——一場不幸的政治干擾〉，收入《胡適口述自傳》（北京：華文出版社，1992）。

因為「五四」最終走出了純粹的「思想實驗室」，介入到實際政治運作乃至社會變革，才有日後的輝煌。比起抗日戰爭之側重軍事、廢除科舉之強調教育，五四的大河奔流、泥沙俱下，因「不純粹」而難以「一言以蔽之」，正是其值得再三評說之處。

　　第二，成功的「文化斷裂」，不僅有激動人心的口號，更需要實際業績。與前人「決裂」，並非越徹底越好，史家更看重的是有無「碩果累累」。「決裂」的姿態固然必須關注，更值得辨析的是「決裂」的後果——到底給歷史留下了什麼？談論歷史事件或人物，關鍵看「建樹」而不是「旗幟」，就好像討論報刊，「發刊詞」固然值得參考，更重要的是有無大作「經世」或「傳世」。若「德先生」、「賽先生」、「白話文」、「反傳統」、「整理國故」等，每個詞都有待推敲，可又都是巨大的存在，至今仍影響著我們的思考與表述。五四新文化人深諳其中奧秘，除了不斷呼喚「傑作」，更落實為《中國新文學大系》等的編纂。[6] 歷史上很少有這樣的機遇，當事人自己給自己寫史，而且幾乎一錘定音。無論是文學創作、學術研究還是制度建設，五四新文化人的貢獻，全都可圈可點——尤其相對於旗幟顯赫但虎頭蛇尾的辛亥革命，或者名實根本就相違的「文化大革命」。也正因此，在二十世紀中國，五四新文化運動長期立於不敗之地，既婉拒不虞之譽，也謝絕不白之冤。

6　參見陳平原：〈在「文學史著」與「出版工程」之間 ——《中國新文學大系導言集》導讀〉，收入陳平原編：《現代中國》，第15輯（北京：北京大學出版社，2014）。

　　第三，成功的「文化斷裂」，必定是斷裂中包含某種連續性。關於這個問題，不妨借用周作人對現代散文的論述：「現代的散文好像是一條湮沒在沙土下的河水，多少年後又在下流被掘了出來；這是一條古河，卻又是新的。」[7] 既不是全然的新，也不是純粹的舊，而是新中有舊，斷裂中隱含著某種連續性。即便以反傳統著稱的五四新文化運動，壓抑儒家，但突出了道家和墨家；批判詩文，可著意表彰小說和戲劇；鄙視文人大傳統，轉而發掘民間小傳統。中國文化的底色仍在，只不過換了個角度觀賞，會有絕然不同的感受。你可以說這種視角轉移得益於「西學東漸」，但不能無視傳統內部變革的內驅力。猛然看去，似乎是平地起風雷；拉長歷史視野，實則自有其合理性。所謂「斷裂」與「連續」，某種意義上是「短時段」與「長時段」觀察角度的差異。依我的觀察，漫長的中國史上，以文化而論，雖有過非常慘烈的困厄與震盪，但從未有一刀兩斷的隔絕。當然，不僅有遠看近看的差異，你還可以上看下看、裏看外看，藉變換角度，理解「斷裂」與「連續」之間的辯證關係。

　　第四，成功的「文化斷裂」，既非全盤西化，也不是固守傳統。1902年，流亡政治家梁啟超稱「二十世紀，則兩文明結婚之時代也……彼西方美人，必能為我家育寧馨兒以亢我宗

7　　周作人：〈《雜拌兒》跋〉，載氏著：《永日集》（長沙：岳麓書社，1988），頁75–76。

也」；[8]1907年，留日學生魯迅力主「外之既不後於世界之思潮，內之仍弗失固有之血脈，取今復古，別立新宗」；[9]1930年代，史學家陳寅恪撰〈馮友蘭中國哲學史下冊審查報告〉，肯定：「其真能於思想上自成系統，有所創獲者，必須一方面吸收輸入外來之學說，一方面不忘本來民族之地位。」[10]1940年代，哲學家賀麟作〈五倫觀念的新檢討〉，認為：「我們要從檢討這舊的傳統觀念裏，去發現最新的近代精神。從舊的裏面去發現新的，這就叫作推陳出新。必定要舊中之新，有歷史有淵源的新，才是真正的新。」[11]上述四人，政治立場及學術領域相差甚遠，但兼採東西、融會新舊的大思路相通。五四新文化運動中，雖有個別偏激言論（如錢玄同之主張廢除漢字、魯迅的提倡「少讀或不讀中國書」），但大致路徑仍是融會貫通。

第五，成功的「文化斷裂」，必須兼及突破的勇氣以及彌合裂縫的自覺。五四新文化人與傳統決裂的姿態廣為人知，可在實際操作中，則是海納百川，吸取了晚清諸多改革的主張，並將其進一步明確與深化。正是這一「成功的收編」，使其有可能借助積澱了半個世紀的變革動力，造成如此風雲激盪的局面。五四新文化的主張，大都不是首創，可時代氛圍

8　梁啟超：《論中國學術思想變遷之大勢》，收入夏曉虹編校：《中國現代學術經典・梁啟超卷》（石家莊：河北教育出版社，1996），頁6。

9　魯迅：《墳・文化偏至論》，收入《魯迅全集》，第1卷，頁56。

10　陳寅恪：〈馮友蘭中國哲學史下冊審查報告〉，載氏著：《金明館叢稿二編》（上海：上海古籍出版社，1980），頁252。

11　賀麟：〈五倫觀念的新檢討〉，載氏著：《文化與人生》（北京：商務印書館，1988），頁51。

以及理論自覺，使其顯得格外突兀偉岸。我之再三陳述晚清與五四兩代人的「合力」，正是基於這一設想。另外，五四新文化人擅長自我糾偏，及時縫合裂縫，如胡適的主張「整理國故」以及撰寫《白話文學史》、周作人的提倡「有雅致的俗語文」以及撰寫《中國新文學的源流》，都是對於白話文運動的調整與重塑。

第六，成功的「文化斷裂」，當事人必須掌握話語權，故能自我經典化。1905年清廷決定廢除科舉，此舉對於中國政治思想走向的深刻影響，幾乎是在百年後才為學界認知；當初只有極少數人（如嚴復、章太炎）稍有意識，但也未能展開深入的論述。五四運動則截然相反，塵埃還沒真正落定，已經有了神聖的「命名」。1919年5月23日《每週評論》上刊出羅家倫以「毅」筆名撰寫的〈五四運動的精神〉。此後，新文化人利用其掌握的報刊、學校以及教科書等，連篇累牘地對「五四」進行追懷、紀念與闡釋。如此迅速地自我經典化，這樣的機遇，實在是千載難逢。從1960年周策縱的《五四運動史》(*The May Fourth Movement: Intellectual Revolution in Modern China*)，到1990年舒衡哲 (Vera Schwarcz) 出版的 *The Chinese Enlightenment: Intellectuals and the Legacy of the May Fourth Movement of 1919*，再到2001年刊行米列娜 (Milena Doleželová-Velingerová) 等編輯的 *The Appropriation of Cultural Capital: China's May Fourth Project*，論者都注意到半個多世紀以來各黨派對於五四運動闡釋權的爭奪，與一時代的意識形態建構糾合在一起。這麼說，並非將五四新文化的偉業，完全歸結為當事人的「自我建構」，進而泯滅是非功過；而只是提

醒讀者，這一經典化過程之所以如此神速，其中蘊涵著權力與計謀。

第七，成功的「文化斷裂」，往往成為極具挑戰性的話題，引來不斷的言說。當初劍拔弩張的對立雙方，都以自己特有的立場、語調與努力，介入到這一影響深遠的歷史事件中。倘若沒有像樣的反對派，你不能想像這場思想運動如此深入展開。就像余英時說的，「愈來愈有必要在陳獨秀與魯迅的激進主義和胡適的自由主義之外，將梅光迪和吳宓的文化保守主義，置於與五四新文化的同一的論述結構之中」。[12]而對於事件本身的追懷，無論是讚賞還是批判，都介入到當下的思想文化進程，成了變革與創新的原動力。相對於那些被壓抑或刻意迴避的話題(如「反右運動」或「文化大革命」)，「五四」實在是太幸運了，八十年間從未被世人遺忘，成為一代代人精神成長史上必不可少的對話目標。正是這一「思想操練」，使其得以「苟日新，日日新」。

畢竟，在古今對話與精神碰撞中，有可能孕育巨大的思想力量。後人即便對五四先賢有諸多責難，也不敢輕慢與其「對話」和「交鋒」——其中隱含的理想與激情，促使你不斷自我反省。當年如此，今天也不例外。

12　余英時：〈文藝復興乎？啟蒙運動乎？——一個史學家對五四運動的反思〉，收入余英時等著：《五四新論：既非文藝復興亦非啟蒙運動》(台北：聯經出版事業公司，1999)，頁1–31。

再過半年，就該紀念「五四運動」九十周年了，我們是否能有更為坦蕩的胸襟、更為開闊的視野、更為深刻的反省以及更為精彩的言說？

2008 年 10 月 19 日初稿，10 月 28 日改定

互相包孕的「五四」與「新文化」

　　今年(2019)是五四運動一百周年,作為中國現代文學研究者,我當然樂於共襄盛舉,先後參加了三個國際會議,撰寫〈危機時刻的閱讀、思考與表述〉、〈新文化運動中「偏師」的作用及價值〉、〈從「觸摸歷史」到「思想操練」〉等三篇文章,等到6月底中國人民大學組織會議,我已江郎才盡了。實在不好意思炒冷飯,只好談些不成體統的隨感。看了會議論文集,發現自己理解錯了——早知道會議不只談五四,還可以縱論百年中國文學與文化,那我本是可以提交專業論文的。

　　今天的發言,其實是想談自己的困惑,即如何看待常被混用的「五四運動」、「新文化運動」以及「五四新文化運動」,這三個概念到底要不要區分,以及如何區分。先說大的方面,我不喜歡「五四新文化運動」這個詞,因其表面上集大成,實則模糊了論述的焦點。我更願意分疏「新文化運動」與「五四運動」,強調兩者的邊界,但又理解二者如何互相包孕。

　　先說這兩個概念的產生——「五四運動」與「新文化運動」,前者乃自我命名,後者則拜論敵所賜。大家都熟悉五四

---

*　　本文初刊於《中華讀書報》,2019年7月31日。

運動命名的緣起──北大教授、教務長顧兆熊（孟餘）在1919年5月9日《晨報》率先刊出〈一九一九年五月四日北京學生之示威活動與國民之精神的潮流〉，接下來北大英文系學生羅家倫在1919年5月26日《每週評論》發表〈「五四運動」的精神〉，1919年5月27日《時事新報》上又有張東蓀的〈「五四」精神之縱的持久性與橫的擴張性〉。一句話，五四運動或五四精神的「命名」，來自當事人或支持者。

至於「新文化運動」這個詞，最初並非新文化人的創造。1920年4月1日，陳獨秀在《新青年》發表〈新文化運動是什麼？〉，大意是，這個新詞已經在社會上廣泛流通了，但不是他發明的，他只是「贊成」而已。同年9月17日，胡適在北京大學開學典禮上演講，也有類似的表述。對於那些最早使用「新文化運動」這個詞的人，魯迅明顯不太信任。1926年，魯迅撰〈寫在《墳》後面〉：「記得初提倡白話的時候，是得到各方面劇烈的攻擊的。後來白話漸漸通行了，勢不可遏，有些人便一轉而引為自己之功，美其名曰『新文化運動』。」只不過隨著時間推移，曾經風起雲湧的新社會、新青年、新思潮、新道德、新信仰、新思想、新學術、新文學等，如今被集約成了「新文化運動」，這雖非陳、胡等人的初衷，但既然已經流行開來，作為始倡者，你不認也得認。一開始還想保持「文化運動」的獨立性，讓其與「社會運動」分途發展，但很快證明行不通。[1]

1　參見陳平原：〈「新文化」如何「運動」──關於「兩代人的合力」〉，初刊《中國文化》，秋季號（2015）。

北京高師（國立北京師範大學前身）參與五四遊行的學生被拘留後釋放，
於5月7日返回學校

　　文化運動與政治運動二者無法截然分開，但確實各有側重，其發生及發展路徑明顯不同。就看你主要著眼哪一方面。在以前的一系列論著中，我一直堅持平視晚清與五四，認定是晚清和五四兩代學人的「共謀」，開創了中國現代文學/思想/學術的新天地。從《中國小說敘事模式的轉變》(1988)、《中國現代學術之建立》(1998)、《觸摸歷史與進入五四》(2005)再到《作為一種思想操練的五四》(2018)，這個立場沒有改變。這一思路背後，是淡化「事件」（如「戊戌變法」或「五四事件」）的戲劇性，凸顯「進程」的漫長與曲折。談論「轉型時代」，本就傾向於中長時段研究，在幾十年乃至數百年的視野中，分析

中國思想或中國文學發展的大趨勢。並且，不是千里走單騎，
而是綜合考量變革的諸多面向，如社會動盪、政治劇變、文化
衝突、知識轉型、思想啟蒙、文學革命等。因此，不好簡單地
歸功或歸咎於某突發事件。這裏的起承轉合、得失利弊，不是
三五天或一兩年就能「水落石出」的。在這個意義上，「新文化
運動」要大於「五四運動」。當然，這裏說的是作為「歷史事件」
的五四。

　　我們可以在「新文化運動」的視野中談論「五四」之長短，
也可以用「五四運動」的標尺來審視「新文化」的得失。但我不
同意以「五四運動」之名來徹底涵蓋整個「新文化運動」，也不
認同胡適充滿書生氣的假定。理由是，政治與文化及學術密不
可分，傳統中國強調「學為政本」，風起於青萍之末，五四運
動確實可以看做新文化運動的自然延伸，但其中也有很大的偶
然性。大轉折時代本就充滿變數，這正是其魅力所在，即蘊涵
著無限的發展與變異的可能性。

　　在我看來，「五四運動」乃「新文化運動」進一步推進的諸
多可能性之一，主要體現其政治理想與實踐能力。至於晚清開
始的一系列學術、思想、文學方面的變革，與1919年5月4日
天安門前的政治抗爭，在內在理路上，不能畫等號。如果最大
程度簡化，取其旗幟與口號，前者是「民主」與「科學」，後者
則是「國家」與「民眾」，對內與對外、啟蒙與救亡、思想與政
治，決定了二者的行動宗旨與論述策略不同。但我承認，五四
運動的巨大聲勢以及社會影響力，使得白話文運動或文學革命
的成功大大提前。

作為史學命題，從清末一直到上世紀二十年代中期的「新文化運動」，猶如韓愈為代表的唐代古文運動，是可以相對封閉起來論述的。後者不僅僅是提倡古文、反對駢文，更牽涉思想道德與社會思潮。陳寅恪〈論韓愈〉稱「退之者，唐代文化學術史上承先啟後轉舊為新關捩點之人物也」，其主要功績表現為：第一，建立道統，證明傳授之淵源；第二，直指人倫，掃除章句之繁瑣；第三，排斥佛老，匡救政俗之弊害；第四，呵詆釋迦，申明夷夏之大防；第五，改進文體，廣收宣傳之效應。[2] 發生在一千多年後的新文化運動，當然面貌迥異，但同樣可在思想文化層面歸納、總結、闡發。只是1927年國共分裂，此後政治鬥爭以及旗幟爭奪的焦點在「五四」而非「新文化」。也就是說，作為運動的「新文化」，已功成名就，可以完美謝幕了。

長期以來，中國學界喜歡混用「五四運動」與「新文化運動」，可能有不得已的苦衷。有人思維本就跳躍，有人喜歡模糊操作，也有人明修棧道暗度陳倉，更有人拉大旗當虎皮。我的立場是：若談論新文化運動，盡可能往上走，從晚清說起；若辨析五四運動、五四精神或五四時代，則最好往下延伸，仔細傾聽那些遙遠的回聲。往前追溯，從晚清說起，主要是史學研究；往後延伸，牽涉整個二十世紀，更側重思想操練。或者說，談論小五四（指作為歷史事件的五四運動），重在考證與還原；研究大五四（指作為思想潮流的五四時代），關鍵在於闡釋與介入。

2　陳寅恪：〈論韓愈〉，《歷史研究》，第2期（1954）。

這也是幾年前我那則〈整個二十世紀都是五四的時代〉的長篇對話所堅持的。強調必須不斷與「五四」對話，從學問、道德到文章，但最為關鍵處的，還是思想與政治。在我看來，當下中國，「五四研究」的主要潛力及使命不在史學探索，而是思想操練──這既是其巨大優勢，也很容易成為陷阱。

2019 年 6 月 30 日在中國人民大學主辦的
「百年回顧：文化與文學」國際學術研討會上的發言

五四的闡釋和傳播史

波詭雲譎的追憶、闡釋與重構
── 解讀「五四」言説史

　　史家大都注意到，半個多世紀以來，各黨派對於五四運動闡釋權的爭奪，與一時代的意識形態建構糾合在一起。面對如此波瀾壯闊的「『五四』言説史」，需要很多精心的輯佚、鈎沉與闡釋。本文選擇一個特殊的視角，借助若干重要報刊的紀念文字，呈現1949至1999年間，中國大陸關於「五四」的歷史記憶，以及如何藉談論「五四」來因應時局變化，讓史學論述與波詭雲譎的政治風雲糾合在一起，構成一道隱含豐富政治內涵的「文化景觀」。值得注意的是，同樣談論「五四」，政治家、思想家、文學家、史學家等，各有各的立場，也各有各的聲音，無法互相取代（比如我本人便格外關注文學家五彩繽紛的往事追憶）。只不過在我設計的論述框架中，政治家的「意願」起主導性作用──而實際上，在中國大陸的公開出版物中，很長時間裏，確實如此。

---

*　　此乃作者在「『五四』與中國現當代文學」國際學術研討會（2009年4月23至25日，北京）及「五四論壇」（2009年5月4日，台北）發表的論文，刊《文訊》（台北），第5期（2009）及《讀書》（北京），第9期（2009），發表時略有刪節。

我選擇了以下四種報刊——《人民日報》、《光明日報》、《中國青年》和《文藝報》，觀察其在五四運動三十周年、四十周年、五十周年、六十周年、七十周年以及八十周年時的表現。其中第一種最為關鍵，第二種次之，第三、四種文革十年停刊，復刊後聲威今非昔比。

在正式論述前，略微介紹這四種報刊。《人民日報》：中國共產黨中央委員會機關報。1948年6月15日由《晉察冀日報》和晉冀魯豫《人民日報》合併而成，在河北省平山縣里莊創刊，毛澤東題寫報頭。1949年8月1日，被確定為中國共產黨中央委員會機關報。《光明日報》：創刊於1949年6月16日。初由中國民主同盟主辦，1953年起由中國各民主黨派及全國工商聯合辦；1957年改由中共中央宣傳部和中共中央統戰部領導；1994年改為中宣部代管的新聞機構。主辦者及隸屬關係屢次更改，但以知識分子為主要讀者這一初衷，大體沒有改變。《中國青年》：共青團中央機關刊物，創刊於1923年10月。歷經諸多挫折，1948年復刊。文化大革命前，在青年讀者中影響極大。1966年8月停刊，1979年9月重新與讀者見面。現為半月刊，共青團中央主辦，目標讀者為「中國青年」。《文藝報》：中國作家協會主辦，1949年9月25日創刊，時而半月刊，時而周報。本是一份探討文藝理論與文學創作的評論性刊物，卻因上世紀五十、六十年代中國的特殊情況，文壇緊緊連著政壇，雜誌因而變得特別重要。1966年停刊，1978年7月復刊；進入新時期後，隨著「文藝鬥爭」不再是整個社會關注的焦點，其重要性大為降低。

以下就用素描的辦法，勾勒幾十年間中國大陸「『五四』言說」的概貌。

1949年，關鍵詞：革命路線

1949年5月4日的《人民日報》，第一、二版刊登了陳伯達的重頭文章〈五四運動與知識分子的道路〉。在大軍南下勢如破竹的諸多「戰報」中，夾雜如此長篇大論，顯得非同一般。以「五四」作為新、舊民主主義革命的分界，突出馬克思主義思潮傳入中國的意義，強調知識分子與工人階級相結合，批判「五四運動中以編輯《新青年》雜誌而著名的陳獨秀」，還有「曾經在革命隊伍中混過若干日子的張國燾」，當然也不忘掃蕩一下宣傳「實驗主義」的胡適和介紹「柏格森哲學」的張君勱等。何為毛澤東主導的正確路線，這是革命成功後歷史書寫最為重要的一環。但這個問題的主要癥結，在延安整風運動中便解決了。陳文不過是根據毛澤東的若干論述，略加闡釋而已。

當日的《人民日報》第四版，乃「五四運動三十周年紀念特刊」，打頭的是〈毛澤東同志論「五四運動」〉，收〈新民主主義論〉語錄三段，〈反對黨八股〉語錄一段，編者加了按語：「『五四』

《人民日報》，1949年5月4日

運動到現在三十周年了，我們怎樣認識這個運動的性質，估價其歷史意義和影響，今後如何承繼並發揚『五四』運動中的光榮傳統，爭取中國人民解放事業最後的與徹底的勝利──所有這些，在中國人民偉大領袖毛澤東關於『五四』運動的言論中都有過英明的指示。為了紀念『五四』運動三十周年，特將這些言論彙集陸續發表以供學習、研究。」以「偉大領袖」的「英明指示」為準繩，是以後半個世紀中國大陸「『五四』言說」的一大特色。不過，這回毛主席語錄還只是作為「紀念特刊」的「引言」，而且放在第四版，與日後置於報頭的「最高指示」相比，還是有很大區別的。

這一版的主打文章，是得到毛澤東高度讚譽的革命老人吳玉章的〈紀念「五四」運動三十周年應有的認識〉，文章開篇就是：「今年紀念五四的特點，是人民解放軍獲得偉大勝利，南京已經解放，南京國民黨反動政權已經宣告滅亡，革命很快就要得到全國範圍的勝利。」文章的主要功能在表彰毛主席革命路線，批判改良主義，包括自由主義、中間路線等。有趣的是，這一版的下方有好幾則廣告，其中數「春興酒莊」的最為精彩：「春興酒莊，慶祝五一！慶祝五四！本莊一周年紀念。酬謝各界勞動英雄，特將本莊儲存之紹興酒半價廉售一週。」

5月4日《人民日報》第三版有作為「參考資料」的〈五四運動介紹〉，第六版則是諸多名人文章，包括俞平伯的〈回顧與前瞻〉、葉聖陶的〈不斷的進步〉、宋雲彬的〈從「五四」看知識分子〉、何家槐的〈唯一的真理〉、王亞平的〈「五四」哺育了我〉、臧克家的〈會師〉。此外還有柏生的〈幾個「五四」時代的人物訪

問記〉，分別採訪了原北京高師學生、現華北人民政府檢察院副院長于力，原北大哲學系教授、現中國民主促進會常務理事馬敘倫，原北大學生、現中國國民黨三民主義同志聯合會常務委員譚平山，原清華學生、現北大政治系教授錢端升，原北大學生、現北大中文系教授楊振聲，原北大學生、現北大中文系教授俞平伯，原北大學生、現北大中文系教授羅常培等，文章最後寫到，「記者又訪問了北大法學院教授周炳琳」。周與國民政府關係密切，1949年春拒絕飛往南京，屬於統戰對象。

採訪記中，專門提及俞平伯如何撰文紀念五四，此即該版第一篇文章〈回顧與前瞻〉。俞平伯自稱「不過一名馬前小卒，實在不配談這光榮的故事」；只是因進入新社會，作為五四老人，非表態不可。俞是真心實意說好話，但性格使然，調門不太高，適可而止：「『五四』當時氣勢雖然蓬勃，但不久內部在思想上起了分化作用，外面又遭逢反動殘餘勢力的壓迫，這些人們雖然想做，要做，預備做，卻一直沒有認真幹（當然在某一意義上亦已做了一部分），現在被中共同志們艱苦卓絕地給做成了。」照俞平伯的理解，這好比是三十年前的支票，如今總算兌現了。不過，下面還有一句：「但我信五四的根本精神以至口號標語等原都很正確的，至少在那時候是這樣。」這種「五四論述」，與毛澤東最為倚重的筆桿子陳伯達的宏文，有很大的距離。1936年與張申府合作，努力推動「新啟蒙」的陳伯達，原本對胡適等五四新文化人充滿敬意；不過此番重回北平，已非吳下阿蒙，自然可以板起面孔訓斥陳獨秀、胡適等。

《中國青年》，1949年第7期

與《人民日報》相比，1949年5月4日出版的《中國青年》（1949年第七期），又是另一番景色。重刊毛澤東1939年文章，題為〈在延安五四運動二十周年紀念大會的演講〉（此文原刊延安《中國青年》，第一卷三期）；與之配合的，是毛澤東的另一重要筆桿子田家英的〈五四與今天〉。田文不若陳文氣勢磅礡，提及「五四以後，在中國，曾經存在著對於知識分子的兩種方針，一種是中國共產黨的，一種是國民黨反動派的」，也未能真正展開。文章的最後是口號：「紀念五四運動的三十周年，要在毛澤東為人民服務的偉大旗幟下，繼續歷史的事業前進！」倒是鄧穎超的〈五四運動的回憶〉值得一讀。此乃講述而非撰著，重點在天津而非北京，這兩點，都對日後的五四老人「口述史」起了引領作用。

1959年，關鍵詞：思想改造

1959年5月4日的《人民日報》，頭版頭條是〈首都盛大集會紀念「五四」四十周年〉，至於副題，很複雜，也很有趣。上面是：「四十年前，我們的國家處在內憂外患民不聊生山河破碎的黑暗時期；今天，我們的社會主義祖國正像初升的太陽出現在東方的地平線上」；下面是：「郭沫若、康生、胡耀邦等講

話號召發揚革命傳統，從勝利走向更大勝利；三萬多人振臂高呼：反對干涉中國內政，維護祖國統一和領土完整」。再看看與之配合的社論〈發揚光榮傳統，建設偉大祖國——紀念「五四」運動四十周年〉，著重強調的是：「西藏是中國領土不可分割的一部分，平定西藏叛亂是中國的內政，絕對不容許任何外國人的干涉。紀念『五四』運動四十周年，全國青年應當繼承和發揚反對帝國主義的光榮傳統，同全國人民團結一致，徹底平息西藏上層反動集團的叛亂，粉碎帝國主義和印度反動派干涉我國內政、支持叛亂分子、破壞我國統一的陰謀。」

當日的《人民日報》第一版，上半截是新華社關於紀念集會的通稿，下半截左邊是《人民日報》社論，右邊是三篇報導：一是人民解放軍協助山南藏胞及時搶種搶收，二是山南藏胞大力支援平叛大軍，三是班禪訪問國防部和總參謀部，聽取關於迅速平定西藏叛亂的戰鬥情況介紹。可見，1959年的「五四紀念」，基調在愛國主義，重點在宣傳「平叛」。

當日《人民日報》的第二版，更是主打西藏牌：〈天山南北燃怒火，東南沿海捲狂濤——全國人民痛斥外國干涉者〉、〈西藏人民譴責帝國主義和印度野心家——西藏是強大祖國的一部分，絕對不准任何外國人干涉〉；至於第三版發表郭沫若講話〈發揚反帝反封建的「五四」精神〉、康生講話〈高舉馬克思列寧主義的紅旗前進〉、胡耀邦講話〈中國人民有力量維護祖國的統一〉，表面上各有分工，可最後都落實為發揚愛國主義精神、堅決平定西藏叛亂。在如此「時代最強音」的映襯下，那些談文論藝的，顯得格外的蒼白無力。第七版發表邵荃麟

〈「五四」文學的發展道路〉，那是《人民文學》第五期上〈關於「五四」文學的歷史評價問題〉第二部分。第八版蕭三詩〈「五四」四十周年有感〉、高士其詩〈偉大的「五四」〉、曹靖華文〈片言隻語話當年 —— 關於李大釗同志和瞿秋白同志的故事〉，基本上是應景文章。

有趣的是第八版下幅的廣告：新華書店的「紀念五四運動四十周年」專欄，介紹了人民出版社的《李大釗選集》、《五四時期期刊介紹》，中華書局的《蔡元培選集》、《五四運動回憶錄》，還有就是三聯書店的《胡適思想批判論文選集》，後者的說明文字如下：「這是從1955年三聯書店出版的《胡適思想批判》（共八輯）及1956年各期刊、學報中繼續發表的批判胡適的文章中選編的一本論文集。」接下來是人民文學出版社廣告，左邊是「為紀念五四運動四十周年，我社特編印下列作家選集」，魯迅打頭，趙樹理收尾，共二十六種；右邊是新書預告《胡適思想批判資料選輯》，附有解說文字：「今年是五四運動四十周年，為了發揚『五四』革命精神，繼承『五四』戰鬥傳統，我們特開始編印『現代文學論爭資料叢書』，陸續出版。這本書，就是叢書之一，由北京大學中文系現代文學組編選，所收資料，都是有關批判胡適的反動文學思想、文學史觀點，以及對他有關中國古典文學研究方面的批判文章。編末附有部分反面資料，以供讀者參考。」為何紀念「五四」的同時，必須突出「批胡」，就因為這是「知識分子思想改造」的重要一環。

1959年5月4日的《光明日報》，頭版頭條〈首都盛大集會紀念「五四」四十周年〉，發的是新華社通稿，只是副題略有變

化。第二版是社論〈知識分子前進的道路〉，因讀者主要是知識分子，按照報紙分工，便著重強調：「知識分子的改造是一個脫胎換骨的過程，把資產階級的尾巴割淨必須經過痛苦的長時期的自我鬥爭。」關於知識分子在思想改造運動中如何「割尾巴」，其尷尬與痛苦，楊絳的長篇小說《洗澡》有精彩的描寫，值得參閱。

相對於中共中央機關報，《光明日報》還是比較關注「學術」和「文化」的。5月3日的《光明日報》第五版，以〈紀念五四，促進社會科學的理論研究，首都學術界廣泛展開學術活動〉為題，分別介紹了在京各學術團體、研究機關和高等學校如何召開學術報告會與討論會。以北京大學為例：中文系舉行「現實主義問題」討論會，兼及對於陶淵明、王維的評價；歷史系主任翦伯贊談歷史研究中如何處理古與今、人與物、正面與反面、史料和史觀等問題；哲學系任繼愈等人合寫〈批判胡適對中國哲學史的研究〉、老教授馮友蘭則撰成〈四十年回顧〉一文，敘述自己從五四運動到現在哲學思想的變遷。接下來，著重推薦的是鄧廣銘的論文〈胡適在五四運動中究竟起什麼作用〉，強調胡的言論主張及所作所為與五四運動的發展方向背道而馳。

5月4日《光明日報》第三版上的〈繼承和發揚「五四」光榮傳統——首都高校開展各種慶祝活動，天津各界人民集會紀念〉，特別提及「北大東語系學生集體創作的以1919年5月4日火燒趙家樓的歷史事實為背景的活報劇《火燒趙家樓》，也在全校文娛演出晚會上正式演出」。第五版則是北師大部分教師

合寫的〈「問題與主義」的論戰——「五四」時期馬克思主義與反馬克思主義思潮的最早的一次鬥爭〉，以及「五四」時被捕的北京高師學生楊明軒的回憶文章〈在「五四」的日子裏〉（此文有史料價值，語氣也較好）。第六版〈「五四」的光輝〉包含眾多圖像，其中有吳作人畫的「『新青年』時代的魯迅先生和李大釗同志」，一稱先生，一為同志，還是有區別的；但為何魯迅畫正面，中國共產黨的創始人李大釗反而是側面，那是因為，毛澤東曾稱魯迅是「現代中國的聖人」。兩位都是五四先驅，但到目前為止，沒有材料證明他們如畫面所描述的，在一起切磋學問、討論文稿。

《中國青年》1959年第七期（4月1日）上刊出了共青團中央宣傳部的〈發揚「五四」革命精神，為實現1959年更大更好更全面的躍進而奮鬥——紀念五四運動四十周年的宣傳綱要〉，號召：「我們每個青年都應當繼承和發揚『五四』以來的光榮革命傳統，以沖天的幹勁去建設社會主義，並且為將來過渡到最美好的共產主義，貢獻出全付力量。」同期刊出北京大學學運史編寫小組的〈五四運動前前後後〉，以及北大東語系創作組的〈火燒趙家樓〉。此活報劇的第一幕在巴黎和會休息廳，第二幕在北京大學民主廣場，第三幕是東交民巷西口，第四幕是趙家樓曹宅花園，最後是高呼口號的「尾聲」。

《中國青年》1959年第七期

第八期《中國青年》發表徐特立的〈紀念「五四」對青年的希望〉和李達的〈「五四」以來我國知識分子的道路〉；第九期（5月1日）則是吳玉章的〈回憶「五四」前後我的思想轉變〉以及鄧拓的〈五四的歷史性號召〉。相對來說，吳文自述從辛亥革命到1925年尋求真理的心路歷程，最具史料價值；而且，不管你是否認同其政治主張，「我的前半生一直在一條崎嶇不平的道路上摸索前進」，聞者無不動容。這幾期的《中國青年》，印數在一百三十八萬至一百五十二萬之間。

這個時候的《文藝報》是半月刊，印數在八萬左右。1959年第八期（4月底刊行）《文藝報》乃「五四運動四十周年紀念專號」，刊發了包括林默涵、夏衍、唐弢、巴人、楊晦等的〈文學革命與文學傳統筆談〉，各文自立題目（如楊晦〈新與舊，今與古〉）；另有許廣平的〈魯迅在「五四」時期的文學活動〉、以群的〈「五四」文學革命的真面目——批判胡適、胡風及其他反動分子對文學革命的歪曲〉，以及茅盾的〈關於文學研究會〉和鄭伯奇的〈略談創造社的文學活動〉。以群的文章很特別，批判胡適、胡風這些「死老虎」也就罷了，為何還有「其他反動分子」？仔細閱讀，發現其批的是「文化特務潘公展」刊於《中央周刊》第三卷四十期（1941年5月）的〈敬告可愛的青年——五四精神的新生〉，以及「國民黨反動派全力支持

《文藝報》1959年第八期「五四運動四十周年紀念專號」

的法西斯主義者『戰國策』派」代表陳銓主編的《民族文學》，以及陳在1943年三期上用「編者」名義發表的〈五四運動與狂飆運動〉。潘、陳二文之論述「國家至上，民族至上」，主張批判／超越五四的「個人主義」，確有迎合當時國民政府政治宣傳的態勢。可倘若反躬自省，以群等人不也與之「異曲同工」？

這一期的《文藝報》，未上要目的川島〈「五四」雜憶〉、欽文〈「五四」時期的學生生活〉、胡仲持〈「五四」時代的一頁回憶〉，反而有意思；就連石泉的〈介紹幾首「五四」時期的歌謠〉、北京大學中文系56級四班的〈《五四散文選講》前言〉、周維煌等的〈略談「五四」時期的重要期刊〉，也都比較踏實。再配上王琦的木刻《魯迅與「三一八」》、滑田友等人創作的浮雕《五四運動》、張松鶴的雕塑《魯迅像》，此期專號確實質量不錯。

1969年，關鍵詞：知識分子再教育

1969年5月4日《人民日報》，頭版頭條是毛澤東的〈青年運動的方向〉。此文最初刊於1939年《中國青年》一卷三期，後

《人民日報》，1969年5月4日

由《中國青年》1949年第七期轉載，題為〈在延安五四運動二十周年紀念大會的演講〉。此次重刊，僅刪去開頭的「同志們：」，減少三字一標點，講演於是變成了文章。這一天報頭上的「毛主席語錄」，

出自《論人民民主專政》:「整個革命歷史證明,沒有工人階級
的領導,革命就要失敗,有了工人階級的領導,革命就勝利
了。在帝國主義時代,任何國家的任何別的階級,都不能領導
任何真正的革命達到勝利。」

　　第三版上,是那個年代最為權威的「兩報一刊」(《人民日
報》、《紅旗》雜誌、《解放軍報》)社論,題為〈五四運動五十
年〉。文章稱:「五十年來,中國革命的青年運動沿著毛主席指
出的知識分子同工農兵相結合的道路,由新民主主義革命階段
發展到社會主義革命階段,又發展到無產階級文化大革命的紅
衛兵運動,在中國革命歷史上起了巨大的作用。」戴過了高帽,
進入實質內容 ——「無產階級文化大革命中,青年知識分子,
紅衛兵小將,立下了豐功偉績,這是應當充分肯定的。但是,
他們同樣要走五四運動以來革命知識分子必走的道路 —— 和
工農兵相結合的道路 …… 知識分子一定要下定決心,長期地、
老老實實地拜工農兵為師,接受工農兵的再教育,堅定地在這
條正確道路上走下去。」如何接受「再教育」,文革中習慣於「毛
主席揮手我前進」的紅衛兵,此時正面臨轉型的巨大危機。此
前半年,《人民日報》(1968年12月22日)發表了〈我們也有兩
隻手,不在城市吃閒飯〉的報導,編者按中引述毛主席的另一
最高指示:「知識青年到農村去,接受貧下中農的再教育,很
有必要。」以此為開端,先後有一千六百萬知青被捲入這場史
無前例的上山下鄉運動,浪費了整整一代人的青春年華。預感
到可能面臨的巨大反彈,此次「兩報一刊」社論在這方面做足了
文章。至於第二版上解放軍戰士的〈堅定不移地走與工農兵相

結合的道路〉，以及在部隊農場勞動鍛鍊的知識青年之〈沿著毛主席指引的方向繼續前進〉，都是配套產品，沒什麼信息量。

《光明日報》1969年5月4日第一版和第三版的處理，和《人民日報》完全一樣。略有發揮的是第二版：一是解放軍某雷達站黨支部如何「堅持用毛澤東思想對知識分子進行再教育」，一是成都某機床廠群眾如何「人人做知識分子再教育工作」；都是努力論證「最高指示」的英明：「知識分子如果不和工農民眾相結合，則將一事無成。」

1979年，關鍵詞：解放思想

在這麼多關於「五四」的十周年紀念中，1979年可能是最為天清氣爽，也是最讓人意氣風發的。那年的5月4日，《人民日報》第一版發表了新華社電〈繼承光榮革命傳統，誓把無產階級革命事業推向前進 —— 紀念「五四」六十周年大會在京隆重舉行〉，報導了華國鋒、鄧小平等黨和國家領導人出席紀念大會。另外，又全文刊出了華國鋒的長篇講話〈在紀念五四運動六十周年大會上的講話〉：「我們國家正處在歷史上的一個重大轉折時期。社會主義現代化建設的前景極大地鼓舞著全黨和全國人民……未來屬於永遠站在時代前列的青年！」第二版刊發了四篇大會發言，包括團中央第一書記、北京大學團委書記、對越自衛還擊戰一等功榮立者，這三者各有其代表性；而最權威的是人大常委會副委員長、「五四運動的參與者許德珩同志」的〈在紀念五四運動六十周年大會上的講話〉。有趣的

是，在一個號召思想解放的時刻，許副委員長還在批判自己的老師胡適如何反對馬克思列寧主義，甚至連幾位北大老同學都一併拉出來示眾：「胡適和傅斯年、羅家倫、段錫朋之流，後來都投到帝國主義、蔣介石的懷抱，成為人民的敵人。」

《人民日報》5月5日發表社論〈解放思想，走自己的道路〉，文章開頭說：「正當我們把工作重點轉移到四個現代化上來，提倡解放思想，發揚民主精神和科學精神的時候，紀念五四運動六十周年，具有特殊的意義。」談五四新文化，表彰其如何「向西方尋找真理」，這當然是題中應有之義；著眼當下，此話更是別有幽懷。社論的重點在批判林彪、「四人幫」如何死守馬列隻言片語，盲目排斥一切外國的東西：「『崇洋媚外』、『洋奴哲學』的帽子滿天飛，閉眼不看世界的變化，關起門來自吹自擂，他們的倒行逆施，使得我們的國家和世界先進國家的距離拉大了，國民經濟瀕於崩潰邊緣。」向外國學習，不但科技要革新，體制也要改進：「五四時期科學和民主的口號，對我們仍有巨大的現實意義。我們需要科學，我們也需要民主。沒有民主就沒有社會主義，沒有民主也沒有四個現代化。」

5月5日《人民日報》第三版上有記者採寫的〈反帝反封建的青年先鋒——記周恩來同志「五四」時期在天津的革命活動〉，下面是許德珩的〈紀念五四運動六十周年〉。第四版則是篇幅頗大的報導〈北京大學隆重集會紀念五四運動六十周年〉。每到「五四」，《人民日報》是否以及如何報導「五四運動發源地」北京大學的活動，是測量政治風氣的重要指標。若是大加報導，意味著政治穩定、風氣開通。

5月4日的《光明日報》，除了發新華社通稿，還有社論〈走歷史必由之路──紀念五四運動六十周年〉。此文主旨是批判林彪、「四人幫」，還不忘把胡適也拉上來數落一通：「他竭力破壞馬列主義在中國的傳播，企圖把運動拉向右轉。後來，他跑到蔣介石那裏去了，又幹起『三害』們幹的事業，拚命要把中國往半殖民地半封建的道路上拉，墮落成為帝國主義的走卒，反動派的幫兇。」可見那時的「思想解放」，還有很大的發展空間。

1979年5月4日的《光明日報》，除了報導中國社會科學院紀念五四運動六十周年學術討論會，以及中國社會科學出版社刊行《五四運動回憶錄》、《五四愛國運動》二書，重點還是在北京大學。第二版發表本報記者採寫的長篇文章〈追求真理的渴望──北京大學楊晦教授談五四運動〉，第三版則在通欄標題「紀念偉大的五四運動六十周年」下，用整整一版篇幅，刊登了六篇北大學生談「五四」的文章。第四版「發揚」五四「革命精神──1919年五四運動照片剪輯」，照片是真實的，但編排很見用心──第一排李大釗、毛澤東，第二排周恩來、魯迅。時至今日，如何準確評判毛澤東在五四運動中的作用，依舊未能真正落實；更何況思想剛剛解凍的「新時期」。

1979年5月5日的《光明日報》，第一版「紀念五四運動六十周年，為實現四化貢獻力量」，分別報導了中國社科院、北京大學、清華大學、中國人民大學、北師大為紀念五四舉行的學術活動。5月6日《光明日報》第二版〈「五四」老人談五四運

動〉，報導了5月4日下午3點在人民大會堂湖南廳舉行的五四時期老同志座談會，「回憶六十年來的崢嶸歲月，這些『五四』老人無不思潮奔湧，豪情滿懷」。文章分別報導了鄧穎超、李維漢、沈雁冰、胡愈之、楊東蓴、唐鐸以及主持人鄧力群的發言。至於第二、三版刊載周揚長文〈三次偉大的思想解放運動——在中國社會科學院召開的紀念五四運動六十周年學術討論會上的報告〉，談論五四運動、延安整風和當下的改革開放三者的歷史聯繫，高屋建瓴，氣魄雄大，可那是轉載自《人民日報》的文章。

相對來說，復刊不久的《文藝報》，還沒有確立自己的思想高度，也發紀念文章，但影響力有限（《中國青年》則是四個月後才復刊）。反而是人民文學出版社剛創刊不久的《新文學史料》，在1979年5月推出了第三輯，以「紀念五四運動六十周年」為主打文章，所收十三文，有新有舊，以回憶為主；其他各欄文章，多少也與五四新文化運動有關。整個專號顯得厚重樸實，沉穩中見鋒芒。

1989年，關鍵詞：體制改革

這一年的五四紀念，最為慘烈，也最具戲劇性。單看1989年5月4日《人民日報》第一版的報導〈首都青年集會紀念五四〉，以及中共中央總書記趙紫陽的講話〈在建設和改革的新時代進一步發揚五四精神〉，可能不見得有什麼特別感觸。其實，趙總書記的講話「語重心長」，背後大有文章：「廣大群

眾包括廣大學生希望推進民主政治，要求懲處貪污腐敗，發展教育和科學，這也正是我們黨的主張。中國共產黨之心，是同人民之心、青年之心連在一起的。讓我們大家互相溝通，互相理解，在安定團結、同舟共濟的氣氛中把今後的工作做得更好吧！」既呼應學生改革的要求，也希望保持穩定的政局。再配合社論〈發揚五四精神，推進改革和現代化事業〉，讀者當不難明白其時之風雲激盪：「發揚民主，推進民主政治，積極慎重地推進政治體制改革，是現代化事業的一個重要組成部分……政治體制改革是一項十分複雜的工作，要考慮到各種條件和因素，其中最重要的因素就是要有一個穩定的政治環境。沒有這個前提條件，什麼事情都辦不好。」強調「穩定的政治環境」，那是因為，這一年的春夏之交，北京的青年學生上街遊行，規模越來越大，形勢近乎失控。

5月5日《人民日報》第一版〈趙紫陽分析當前國內形勢 ——現在最需要冷靜理智克制秩序，在民主和法制軌道上解決問題〉，下面是兩則報導，分別是〈首都高校師生歡迎趙紫陽講話〉和〈首都青年紀念五四七十周年〉。後者的副標題很有意思：「二十萬人分別舉行遊園聯歡等活動，數萬高校學生上街遊行集會」。更有趣的是，此文的左下角，出現另一行沒有正文的黑體字「遊行學生宣布今天全部復課」。換句話說，這是臨時插進去的，很重要，也很緊急。5月6日《人民日報》頭版頭條是〈趙紫陽講話引起積極反響，首都高校昨日起陸續復課〉。可惜，日後的發展，並不像預想的那麼順利。激烈的政治動盪，一直持續了很長時間，最後導致十分不幸的結局。

1989年5月4日的《光明日報》，發的是新華社通稿。可此前此後，還是有點自己的聲音。5月3日頭版頭條為「本報評論員」文章〈中國知識分子的道路和歷史使命——為五四運動七十周年而作〉，5月4日發表了社論〈高舉愛國主義的光榮旗幟——紀念五四運動七十周年〉，後者稱：「我們所要進行的政治體制改革，正是為了發揚五四的民主精神，徹底清除封建殘餘思想，加速民主政治的進程。」政治體制改革需要愛國主義精神支持，需要增強凝聚力。「凝聚力的形成，又仰仗於社會的安定。安定則人心穩，動亂則人心散。人心散則力不齊，力不齊則事不成。」當天的第一和第四版，刊出〈袁木等答中外記者問〉，談如何看待、怎麼對付學生的大規模遊行。第二版破天荒地以「新華社北京5月3日電」的名義，全文刊發了學生包含十二條要求的「請願書」（〈首都高校一些學生遞交的「請願書」〉）。

略微顯得隔閡的是第二版上許德珩的〈紀念五四〉。此文追懷五四，談及《新潮》、《國民》、《國故》三個不同政治傾向的北大刊物。那是一個臥病在床已三年的五四老人，回首平生，號召青年「為了祖國的美好未來，努力奮鬥吧！」這顯然是為紀念「五四」七十周年，事先準備好的稿子；與5月2日《人民日報》第八版所刊冰心短文〈七十年前的「五四」〉，同樣值得品味與讚賞，因為，那是最後一批「五四老人」的追憶。

與時政類報紙的緊急響應不同，此時已日漸邊緣化的《中國青年》和《文藝報》，因事先組稿、發稿，顯示了不一樣的風采。《中國青年》1989年第一期發表蘇紹智、王逸舟的〈1989年

提示我們〉，主要談三件大事：中華人民共和國成立四十周年、五四運動七十周年、法國大革命二百周年。文後的〈本刊準備這樣做〉，提及為了紀念五四運動七十周年，第一至五期開闢專欄，發表紀念文章。第二期是嚴家其訪談，第三期則是王潤生、陳宣良、何懷宏、謝選駿、遠志明等人的短文，第四期為黃華的〈五四是思想的節日〉，第五期乃是〈第一代人與第四代人——訪陳小魯〉。《文藝報》同樣動手較早，4月22日發出了劉再復長文〈「五四」文學啟蒙精神的失落與回歸〉，4月29日又以「七十年後重回首，五四精神應長駐」為題，發表冰心、夏衍、臧克家、李準的短文，還有唐達成的〈文學發展與民主、科學精神——「五四」運動七十周年有感〉。甚至到了風雨滿樓的5月6日，該報還在第一版發表通訊〈要發揚「五四」文學的現實主義精神——王瑤、吳組緗談「五四」運動〉。

1999年，關鍵詞：振興中華

吸取十年前的深刻教訓，這一回的五四紀念，顯得相當低調，「不求有功，但求無過」。1999年5月5日《人民日報》，頭版頭條〈五四運動八十周年紀念大會在京舉行〉，副題是「發揚五四運動愛國進步民主科學光榮傳統，肩負起振興中華民族的偉大使命」。江澤民等中央領導全數出席，國家副主席胡錦濤發表題為〈發揚偉大的愛國主義精神為建設有中國特色社會主義努力奮鬥〉。胡文刊第一版，第三版則有時任「中國關心下一代工作委員會」主任王丙乾的〈發揚五四精神，光大民族希

望〉，以及全國各地慶祝五四青年節的報導。至於此前一天的《人民日報》，第九版上戴逸的〈五四運動的光輝道路〉，乃「紀念五四運動八十周年專論之四」；第十一版陳漱渝的〈追憶「活的魯迅」〉，則是為北京出版社六卷本《魯迅回憶錄》寫的序言。如此東拼西湊，看得出外鬆內緊，小心翼翼，生怕出錯。

《光明日報》也好不到哪裏去，5月5日發新華社通稿，5月4日發社論〈肩負振興中華的偉大使命〉，特別引述江澤民總書記向全國青年發出的「四點希望」；第六、七版則是共青團北京市委組織的，包括〈高舉五四火炬，創造時代業績〉等文章，諸多歷史圖片，還有年表性質的〈北京青年運動1919年–1999年〉。

此時的《中國青年》和《文藝報》，再也沒有五十、六十年代的獨立蒼茫、八面威風，雖也有關於五四的若干報導和文章，但未見精彩之作。《文藝報》稍微好些，5月4日那一期，請若干作家學者談五四精神，大標題是〈回望八十年：五四精神不老，五四精神常新〉。只是在「愛國進步民主科學」這四平八穩的統一口號的籠罩下，實在也變不出什麼新花樣。倒是第二版陳涌的長文〈「五四」文化革命的再評價〉值得注意，因其力圖回答一個迫在眉睫的難題：如何看待九十年代以後「國學熱」的興起，以及對於五四新文化日趨嚴厲的批評。陳文稱：「『五四』文化革命，首先批判孔子以『禮』為標誌，以『三綱』為主要內容的倫理政治思想，實際上也就為以後中國的民主革命在思想上掃清道路，因此是正確的必要的。但孔子的思想不只是倫理政治思想，還有哲學思想，教育思想，文藝思想，等等。而且就倫理政治思想來說，也還不是他的倫理思想的全

部。」也就是說，批孔沒錯，但若完全否定孔子在中華文明史上的意義，則是「過猶不及」──陳文的基本立場，成為日後希望兼及「五四新文化」與「傳統中國」的論者所喜歡採用的論述策略。

在〈走不出的「五四」？〉（《中華讀書報》，2009 年 4 月 15 日）中，我提及：「九十年間，『五四』從未被真正冷落過，更不要說遺忘了。我們不斷地賦予它各種意義，那些汗牛充棟的言說，有些是深刻挖掘，有些是老調重彈，也有些是過度闡釋。說實話，我擔憂的是，過於熱鬧的『五四紀念』，誘使不同政治力量都來附庸風雅，導致『五四形象』誇張、扭曲、變形。」

正是因為意識到關於「五四」的言說中，隱含著巨大的政治風波、思想潛力以及道德陷阱，本文有意藉鉤稽史料，初步呈現這一斑駁陸離的歷史圖景。

2009 年 4 月 7 日於京西圓明園花園

「少年意氣」與「家國情懷」
——北大學生之「五四記憶」

　　在當代中國，只要你念過小學，都知道有個「五四運動」；可所謂「知道」，不等於真的理解。更何況，我們每代人都在與「五四」對話，一次次的紀念與闡釋中，其實蘊含著我們自己時代的困惑與追求。九十年來，每代學者及青年都以某種形式與「五四」對話。其中最讓我牽掛的，是「少年意氣」與「家國情懷」。二者頗有糾葛，有時相得益彰，有時又互相牴牾，就看你如何觀察與判斷。

　　這些年，我們努力區分「歷史事件」、「歷史記憶」與「歷史書寫」，也明白所謂「發現真相」只是一個虛擬狀態，或者說一種學術立場。也許更重要的是，追問今人所理解的「歷史」是如何被建構起來的。關於「五四」的種種論說，也可從此入手。

一、誰的「五四」？

　　去年 (2009) 的這個時候，我在北大主持召開「五四與中國現當代文學」國際研討會。為論文集、程序表及海報做設計

---

*　　本文初刊於《光明日報》，2010年5月4日。

時，我選了三幅圖，一是「五四」當日的照片，一是聞一多的
書籍裝幀，一是天安門人民英雄紀念碑基座的浮雕。老照片的
中央，那旗子上有「國立北京大學」字樣。最後沒選用，不是
大公無私，而是製作出來的效果實在欠佳。參與設計的學生大
呼可惜，他們更願意選用那幅五四遊行的老照片，與其說是出
於歷史感，還不如說是自尊心。

紀念「五四」時，引入圖像的因素，讓其與文字之間形成
某種對話，起碼五十年前《文藝報》就這麼做了。1959年刊行
「五四運動四十週年紀念專號」時，除了林默涵、夏衍、唐弢、
巴人、楊晦、許廣平、以群、茅盾、鄭伯奇等人文章，還配有
王琦的木刻《魯迅與「三一八」》、張松鶴的雕塑《魯迅像》，再
就是滑田友等人創作的這幅浮雕。

五四當日的北大學生

1921年聞一多為《清華年刊》所畫的
和五四相關的插畫

天安門人民英雄紀念碑基座的浮雕

如何與「歷史」對話，文字／圖像／聲音「三合一」，才能呈現比較完整的歷史場景。聞一多創作的這幅圖，出自《清華年刊》，即清華學校1921級畢業班紀念集，原本是聞一多創作的書籍裝幀，我取中間的圖像部分。圖片上方有「BEFORE THE AUDIENCE」字樣，至於「天安門前的青年講演者」，則是《拍案頌》(北京圖書館出版社，2007)編者代擬的題目。

三張圖片的差異，隱約可見「歷史論述」的變化。老照片突出高揚的校旗以及昂首闊步的大學生，是世人關於「五四」的最初印象；聞一多的畫，演講的學生是正面，傾聽的民眾是背影，遠處還有飛奔而過的人力車；紀念碑的浮雕，最「政治正確」，因為，學生和工農互相呼應，互為主體性。單看這三幅圖，你都能大致明白，「歷史」是如何被建構起來的。這倒促使我反省：關於「五四」的記憶，北大學生總是佔據主導地位，「從來如此，就對嗎？」

何謂「五四運動」，既可理解為1919年5月4日天安門前的反日遊行及其後續效應，也可看作互為關聯的三大部分：思想啟蒙、文學革命、政治抗議。兩種敘述，體現不同的學術立場。毫無疑問，北大學者大都選擇後一視角，因那意味著，北京大學始終站在聚光燈下。

去年的這個時候，我到台灣參加「五四文學人物影像」開幕式及相關論壇，一看海報，我就樂了。為何選擇冰心、徐志摩、魯迅、郁達夫、田漢，這海報上的五人組合，沒有一個在5月4日天安門前的抗議現場。即便在京的冰心和魯迅，也都沒有參加遊行；即便參加新文化運動，也不是「主將」。魯迅

的作品代表新文化的「實績」，但他自稱是「聽將令」的。一問方才明白，決定此布局的不是官方，也不是學者，是美編。為什麼？好看，青年人喜歡。

那次活動的開幕式上，臺灣師範大學合唱團的學生，穿上五四時期的服裝，唱那個時代的流行歌曲，可一開口，我就覺得不像。因為，此前北大也有一台晚會：「紅樓回響——北大詩人的『五四』」。兩相比較，後者那種捨我其誰的感覺，且自認「五四」精神已經融化在血液中，那就是「我們的故事」，讓我很震撼。一注重儀表，一強調精神，在影像時代，如何「復活」或「創造」歷史，你以為北大肯定獲勝，不一定。

大陸談「五四」，那既是歷史，也是現實；既是學術，也是精神。而台灣談「五四」，基本上屬於「懷舊」，沒有那種「壯懷激烈」的感覺，尤其是青年學生，覺得很好玩。最近二十年，海峽兩岸在如何看「五四」的問題上互相影響。台灣影響大陸的，是對激進主義思潮的批評，尤其不滿五四新文化人對傳統文化的批判；大陸影響台灣的，是新文學不僅僅屬於溫柔且文雅的徐志摩，必須直面魯迅等左翼文人粗糲的吶喊與刻骨銘心的痛苦。

怎麼看「五四」，當然見仁見智。可當我開口評述時，明顯是站在大陸學者的立場，比如，強調北大學生更能體會「五四」精神。仔細分析，這或許是「北大視角」造成的，且更多體現北大人的政治情懷及學術立場。再進一步推想，我的這種解讀方式，是否與二十世紀中國「風雲激盪」的歷史命運相呼應；下一個百年，中國人怎麼看「五四」，還像我們一樣「慷慨激

昂」、「涕淚飄零」嗎？或者換一個角度，歐美學人怎麼看五四，日本青年怎麼看五四，同時代的中國人中，北京人與外地人、親歷者與風聞者、工農大眾與青年學生，其解讀「五四」的方式，是否也都不太一樣？

另外，在世人的記憶中，佔據五四新文化運動舞台中心的，乃著名教授蔡元培、陳獨秀、李大釗、胡適、錢玄同、劉半農、周氏兄弟等。這自然沒錯。可還有一點同樣不能忘記：這是一個標榜「新青年」的運動，大學生的作用不可低估。五四時期的青年學生，就學識與社會影響而言，確實無法與陳獨秀、胡適等比肩；但日後的發展，則未可限量。大學期間「躬逢盛事」，有幸目睹甚至直接參與思想大潮的崛起，對其一生必然產生決定性的影響。在這個意義上，談論五四新文化運動，最好兼及當時「小荷才露尖尖角」的青年學生。談思想啟蒙，師長們確實佔據中心位置；論文學革命，則師生各有專擅；至於政治抗爭，唱主角的乃是大學生。否則，怎麼叫「學潮」或「學生運動」？更值得關注的是，日後關於「五四」的紀念、追憶與闡釋，主要是由學生一輩來完成的。

在《觸摸歷史：五四人物與現代中國》(廣州出版社，1999；北京大學出版社，2009) 中，我們勾勒了四十五名歷史人物與「五四」相遇的生命歷程，其中包括十三位大學生，但師長輩依舊是主體。在《觸摸歷史與進入五四》(北京大學出版社，2005) 中，我論及「回到『五四』現場」時，曾開列十位當年北京學生 (其中北大四人) 的回憶文章，目的是讓對「五四」感興趣的讀者，從當事人的眼光來解讀那一場已成為重要話題及思想資

源的偉大事件。今天，我乾脆撇開師長，純粹從「北大學生」的角度，來看待那場影響極為深遠的政治/思想/文化/文學運動。

二、何人在「追憶」?

北大教授兼教務長顧兆熊 (孟餘) 在1919年5月9日《晨報》上發表了〈一九一九年五月四日北京學生之示威活動與國民之精神的潮流〉，北大英文系學生羅家倫在1919年5月26日《每週評論》上刊出了〈「五四運動」的精神〉。顧文乃目前所見最早關於「五四」的評論文章，羅文更是聲名遠揚，常被史家提及。論者建議，將此二文加上張東蓀發表在同年5月27日《時事新報》上的〈「五四」精神之縱的持久性與橫的擴張性〉，作為五四運動或五四精神的「命名」。[1] 請記住，還有北大國文門1917級學生楊亮功和他的表兄蔡曉舟合編的《五四》，那是第一本五四運動史料集，出版於1919年9月。也就是說，北大師生很早就有意識地建構有關「五四」的神話。

我的學生袁一丹撰有碩士論文〈「新文化運動」發生考論〉(北京大學，2008)，其附錄「《晨報》及其副刊的『五四紀念』(1920–1925)」讓我得以發現，這六年間，堅持不懈地紀念五四運動的主力，非北大師生莫屬。參與撰稿的，有社會名流如梁啟超、李石曾，也有其他學校的學生，如北京高等女子師範學校學生錢用和、馮淑蘭 (沅君)，後者很快考入北大文科研

1　參見商金林：〈幾代人的「五四」〉，《新文學史料》，第3期 (2009)。

究所，與羅庸、容庚、鄭天挺等一起成為中文系第一批研究生。但主要作者，毫無疑問，還是北大的教授和學生。作為北大教授出場的，有蔡元培的〈去年五月四日以來的回顧與今後的希望〉和〈五四運動最重要的紀念〉、胡適及蔣夢麟的〈我們對於學生的希望〉、陶孟和的〈評學生運動〉、朱希祖的〈五四運動周年紀念感言〉、胡適的〈黃梨洲論學生運動〉、高一涵的〈將來學生運動的責任〉、李大釗的〈中國學生界的 May Day〉、譚熙鴻(譚仲逵)的〈紀念「五四」〉、〈「五四」紀念與青年的責任〉及〈五四運動與中國國家的前途〉、夷初(馬敘倫)的〈五四〉等。北大學生中，持槍上陣的有顧誠吾(顧頡剛)的〈我們最要緊著手的兩種運動〉、羅家倫的〈一年來我們學生運動底成功失敗和將來應取的方針〉、孟壽椿的〈「五四紀念」與「精神勞動紀念」〉、廷謙(川島)的〈「五四」的我感〉和〈紀念「五四」〉、魯士毅的〈一九二一年的五四〉、伏廬(孫伏園)的〈五四紀念日的些許感想〉、費覺天的〈追懷舊五四、努力新五四〉、黃日葵的〈怎樣紀念「五四」〉、朱務善的〈「五四」運動給國人對外的印象〉、董秋芳的〈「五四運動」在中國文學上的價值〉等。

　　與北大師生的熱心紀念五四運動相映成趣的，是國民政府的猶豫不決。孫中山對五四運動有個逐步認識的過程，起碼1920年1月29日〈與海外國民黨同志書〉裏，對青年學生的愛國熱情是極為欣賞的。[2]可惜他1925年3月12日就去世了。北

2　　孫中山：〈與海外國民黨同志書〉(入集時改題〈關於五四運動〉)，收入《孫中山選集》(北京：人民出版社，1981)，頁482。

伐成功後，國民政府定都南京，對青年學生的政治激情開始感
到恐懼。1928年5月4日《中央日報》上，刊登了中宣部制定的
〈宣傳大綱〉，稱共產黨利用五四紀念煽動學潮，「這是『五四』
以後最不幸的現象」。這一拒絕「五四」的決策，日後將使國民
政府付出沉重代價。

此後，在政府的積極引導下，「五四」紀念逐漸消歇，用
胡適1935年發表在《獨立評論》上的話來説：「這年頭是五四運
動最不時髦的年頭。前天五四，除了北京大學依慣例還承認這
個北大紀念日之外，全國的人都不注意這個日子了。」[3]北大的
堅持與政府的高壓，於是成了民國政治史上的奇觀。比如，
1932年5月5日《京報》報導北大學生在第三院大禮堂舉行紀念
大會，最後是許德珩演説：「五四運動不僅是新文化運動，而
且是以民眾的力量，反抗帝國主義制裁賣國軍閥的運動，凡一
切歷史事變，都不是偶然的，我們看，中國每一次對外屈服而
對內壓迫，則必然引起一次革命。」[4]1936年5月13日《申報》
稱，學校不顧當局禁令，照常舉行五四紀念集會。會場內外軍
警密布，「學生教授作獅子吼」，馬敘倫、周炳琳、樊際昌、曾
昭掄、許德珩等五教授到場並演説，最精彩的當屬許德珩，因
其「演説時，攘臂喧呼，口沫飛濺」。[5]

3　　胡適：〈個人自由與社會進步──再談五四運動〉，《獨立評論》，第
　　　150號（1935年5月12日）。

4　　〈北京大學昨紀念五四／許德珩等演説／聚合遊行被警阻止〉，《京報》，
　　　1932年5月5日。

5　　〈北大舉行「五四」十七周年紀念會〉，《申報》，1936年5月13日。

正因為這種長期堅持，某種意義上，談論五四運動，似乎成了北大師生的「嗜好」乃至「特權」。1979年3月中國社會科學出版社刊行《五四運動回憶錄》上下兩冊，11月刊行《五四運動回憶錄》續編，單以文章論，一半以上談北京；而關於北京的文章，三分之二是北大師生撰寫的。

五四運動中，北大學生是主力；若從提倡新文化說起，那就更是如此。在這個意義上，北大師生成為「五四」追憶與闡釋的主體，是理所當然的。可五四運動不僅僅屬於北大，這點同樣毫無異議。該如何解讀這些關於「五四」的記憶呢？1920年起《晨報》及其副刊的「五四紀念」，1929年「無產階級革命文學」的提倡，1934年《中國新文學大系》的編纂與刊行，1944年昆明的西南聯大舉行紀念「五四」系列活動，所有這些，都很精彩。而其中的關鍵，是1939年陝甘寧邊區設立「五四青年節」。十年後，中國共產黨掌握政權，將「紀念五四」上升為政府行為。作為一種制度性設計，一年一次小紀念，十年一次大紀念，實在蔚為奇觀。其間，香港和台灣也有若干關於「五四」的文章及紀念活動，但無論規模和質量，都遠不能和大陸相比。

請看這兩張報紙：1949年5月4日《人民日報》第一版，在大軍南下勢如破竹的諸多「戰報」中，夾著陳伯達的重頭文章〈五四運動與知識分子的道路〉。此外，這一天的《人民日報》，第三、第四、第六版上，也有關於五四運動的紀念文章。同樣是1949年5月4日，《中央日報》刊出社論〈五四運動與科學民主〉，另外，在臺灣大學校長傅斯年題寫刊頭的「青年週刊」

上，有殷海光的長文〈五四運動三十年〉。應該說，海峽兩岸都極為關注「五四」這一政治符號。我曾選擇《人民日報》等四種報刊，觀察其在紀念五四運動三十周年、三十五周年、四十周年、四十五周年、五十周年時的表現，說明史學論述如何與波詭雲譎的政治風雲糾合在一起，構成一道隱含豐富政治內涵的「文化景觀」。[6] 因為，無論大陸還是台灣，「五四」要不要紀念，怎麼紀念，都是一個極為敏感的政治問題。

這一回，換個角度，選擇十五位生活在海峽兩岸的親歷「五四」的北大學生，看他們面對這個共同話題，如何記憶、敘述與闡釋。

《中央日報·青年週刊》，1949年5月4日

6　參見收入本書的〈波詭雲譎的追憶、闡釋與重構——解讀「五四」言說史〉，頁140（初刊《讀書》，第9期〔2009〕）。

三、在台灣的北大學生如何敘說

倘若希望「五四」活在一代代年輕人的記憶中，單靠準確無誤的意義闡發顯然不夠，還必須有真實可感的具體印象。對於希望通過「觸摸歷史」而「進入五四」的讀者來說，楊振聲、俞平伯等人「瑣碎」的回憶文字，很可能是「最佳讀物」。此前大陸學者（包括我自己）的研究，引證的基本上是生活在大陸、靠近共產黨的北大學生的言論；可還有許多當初的風雲人物，日後追隨國民黨政權退守台灣，他們的記憶與追懷，同樣不能忽視。

六十年間，因應海峽兩岸政治風雲變幻，南京—重慶—台北的傅斯年、羅家倫、楊亮功、成舍我、毛子水，與延安—北京的許德珩、楊振聲、俞平伯、羅常培、鄭天挺、孫伏園等，就何為「五四真相」、誰是五四運動的主力，以及如何繼承五四精神遺產等，展開了半個多世紀的爭奪。這一爭奪背後，隱含著一個時代的政治風雲。

北大國文門1916級學生傅斯年（1896–1950），長期任中央研究院歷史語言研究所所長，抗戰勝利後，一度代理北京大學校長；1949年1月，傅出任臺灣大學校長，任職時間不到兩年，但其對臺大精神上的影響，一如蔡元培之於北大。傅斯年

傅斯年

在1943年5月4日（重慶）《中央日報》上發表〈五四偶談〉，提及「五四」的歷史價值：「就文化說，他曾徹底檢討中國之文化，分別介

紹西洋之文化，時所立論，在今天看來，不少太幼稚的話，然其動盪所及，確曾打破了袁世凱段祺瑞時代之寂寞……『五四』在往年遭逢『不虞之譽』，今日又遭逢不虞之毀，我以為這都是可以不必的。」第二年的五四紀念日，傅又在重慶《大公報》上發表〈「五四」二十五周年〉，再次為五四的反傳統辯護：「假如我們必須頭上肩上背上拖著一個四千年的垃圾箱，我們如何還有氣力做一個抗敵勞動的近代國民？如何還有精神去對西洋文明『迎頭趕上去』？」抗戰中，建立民族自信心十分必要，但不能變成「誇大狂」，更不該拒絕批判與反省。

北大英文學門1917級學生羅家倫（1897–1969），曾任清華及中央大學校長；隨國民政府遷台後，任國民黨中央黨史編纂委員會主任委員、國史館館長等職。除了前面提到的兩篇文章，更值得我們關注的是1950年的〈五四的真精神〉和1967年的〈對五四運動的一些感想〉。1950年5月4日《中央日報》發表社論，題為〈愛國‧民主‧科學〉，與之配合的是羅家倫的〈五四的真精神〉，主旨為檢討國民黨拒絕「五四」的失誤：「五四是代表新文化意識的覺醒」、「五四是代表國家民族意識的覺醒」、「當時五四的發動，完全出於青年純潔愛國的

《中央日報》，
1950年5月4日社論

熱情，絕無任何政黨或政團在後面發縱指使」；可惜北伐成功後，國民政府害怕「赤色的狂潮」，著意提獎「復古」，「於是有若干年都設法防止學生紀念五四」。「結果防止並防止不了，反而落得共產黨來爭取這個日子」。羅家倫之所以敢站出來反省拒絕「五四」的缺失，那是因為，1950年的台灣，蔣介石汲取教訓，決定將「五四」定為「文化運動節」。

北大國文系1918級學生成舍我（1898–1991），原名成平，在中國新聞史上享有很高聲望。1924年起相繼創辦《世界晚報》、《世界日報》、《民生報》、《立報》等重要報刊，1955年在台北創辦世界新聞職業學校，後升格為世新大學。成舍我1937年5月4日在上海《立報》發表〈怎樣紀念「五四運動」〉：「當然，用群眾力量對政局表示意見，和介紹近代學術，並不是始於『五四』，但範圍普及全國，動員到工商各界的，必以『五四』為開端。所以『五四』是中國民族鬥爭史，政治史，以及文化史上最可紀念的一天。」二十年後，有感於國民黨對待「五四」的曖昧態度，成舍我撰寫了〈卑論集・過去了三天的「五四」〉（《小世界》，1966年5月7日），稱：「五四運動，是民族革命、政治革命、思想革命的綜合體，沒有五四運動，不平等條約的鎖鍊，不會解除，腐惡的軍閥勢力不會打倒，民主與科學的觀念不會建立，換一句話說，也就是中華民國永遠無法進入現代國家行列，而孫中山先生倡導的國民革命也就難以成功。」在這個意義上，繼續發揚五四精神，十分必要：「希望大家今後不要忘記，五四固然給『文藝』帶來新生命，但它偉大的意義，並不專限於文藝！」

成舍我與女兒成露茜，攝於世新大學，約1956年

　　之所以有此感嘆，是1950年5月4日《中央日報》除發表社論及羅家倫文章，同時宣布成立「中國文藝協會」，其任務是「供應紙彈誅伐俄共，不迷戀骸骨不製造古董，不自我陶醉不脫離群眾」。1951年5月4日《中央日報》發表社論〈爭回五四的遺產〉，稱：「五四所遭遇的厄運，便是它豐富而寶貴的遺產，竟被在精神上正好與五四相背馳的共產黨人所篡奪。」社論強調「五四」遺產是：「科學，民主，人性的文學」——著重點還在文學，這其實是一種政治策略。當天的《中央日報》上，宣傳部長張道藩、教育部長程天放以及國防部等都發表文章，從「新文藝」的角度紀念五四運動。此後，台灣的五四紀念，就在「文藝節」的框架中，年復一年地展開，一直到今天。問題在於，單從「新文藝」著手，能「爭回五四的遺產」嗎？

綜觀歷年《中央日報》上發表的紀念五四運動的社論，除了論述文學革命—民主與科學—新文化，最終如何通向三民主義，再就是批判中共怎樣專制，而且很不地道地篡奪了五四運動的闡釋權。從1950年起，每年5月4日，台灣都過「文藝節」，頒發文藝獎金，組織文人雅集。至於話題，則圈定在「愛國運動」、「白話文」以及「新文藝」，小心翼翼地迴避「學潮」或「思想啟蒙」。在紀念「五四」的集會中，北大學生羅家倫經常坐在主席台上，而另一個老同學毛子水，也必須站出來講講白話文的意義。

1917級數學門學生、新潮社首批社員毛準 (字子水，1893–1988)，新文化運動時期撰有名文〈整理國故的方法〉。顧頡剛在《古史辨》第一冊〈自序〉中，特別提到：「在北京大學的同學中，毛子水先生是我最敬愛的。他是一個嚴正的學者，處處依了秩序而讀書，而最服膺章太炎先生的學說，受了他的指導而讀書。」[7] 那時毛準念的是數學，書桌上除了數學、物理等課本，還有《毛詩》及《儀禮》的注疏。德國留學歸來後，毛長期任教於北大歷史系，1949年應老友傅斯年之邀，任臺灣大學中國文學系教授。1979年發表〈六十年前「五四」這一天〉(《中央日報》，1979年5月1日) 和〈不要怕五四，五四的歷史是我們的！〉(《我參加了五四運動》，台北：聯經出版，1979)，前者稱：「『五四運動』，是一個純粹的學生愛國運動，絕不是任何

7　顧頡剛：〈《古史辨》第一冊自序〉，收入顧頡剛等編著：《古史辨》，第1冊 (上海：上海古籍出版社，1982)，頁23。

黨派或任何人所暗中指使的；而是當時的學生感受到必須為自己的國家民族免於為強權所辱的怒吼，可説是青年學生感到自己與國家息息相關的一項自覺運動。」後者更有趣，除了説5月4日那一天，他如何跟著遊行隊伍走到天安門，接著又到了曹汝霖的家，看到火從曹家燒起來，又見有人打了駐日公使章宗祥，覺得有點過火了；不贊成罷課，「但做學生不上課總是高興的事」。至於説「五四」有好也有壞，這沒有意義，應該講「基本的問題」──拒絕在巴黎和約上簽字；促成建立現代的國家；加速了白話文的流行。這訪談錄中最精彩的，還是那句作為標題的名言 ──「不要懼怕五四，五四的歷史是我們的」。

北大國文門1917級學生楊亮功（1895–1992），留美歸來後，曾任安徽大學校長、北京大學教育系主任等；到台灣後任監察院秘書長、考試院院長。1979年聯經出版公司刊行的《我參加了五四運動》中，收錄了楊亮功的採訪錄〈五四一甲子〉：「楊亮功先生以為五四運動，只是單純的偶發的學生愛國運動，與新文化運動或其他任何因素完全無關。」這個意思，在〈《五四》重印序〉中，説得很清楚：「總之，此一小書為記載五四運動最早出版的一本書。書中所載，皆係第一手資料。讀者可以從這一本書，認清五四的真面目，體會五四的真意義。亦可以了解到此一運動，與所謂新文化運動，或任何外在因素，

楊亮功，攝於1940年代

完全無關。」[8]那是因為，當年的楊亮功，只顧埋頭讀書，沒有介入任何政治或文化活動。楊著有《早期三十年的教學生活》，此書第二章「五年北大讀書生活」提及新舊論爭最激烈時，他如何置身度外。作為觀察者，書中描述了劉師培、陳獨秀、黃侃、錢玄同、黃節、吳梅、周作人等各位教授的做派與神情，頗為真切，而立場則明顯偏向於劉師培。[9]五四期間唯一能查到的活動是，1917年12月27日北大廖書倉等四十七名同學發起北京大學消費公社，楊亮功列名其中。

最近二十年，兩岸交往日益頻繁，台灣學界關於「五四」的論述迅速拓展，台灣民眾對於五四的興趣也與日俱增。1999年，我赴台參加在中央研究院舉行的紀念五四八十周年學術研討會（政治大學主辦），那時台灣民眾的普遍看法是：「五四」，那是很久遠的事情，我們早就超越那個階段了。時隔十年，去年（2009）我再次參加台灣學界舉行的五四紀念活動，明顯感覺熱鬧多了，除了學術會議，還有民眾的關心與參與。跟大陸不同，在台灣，很長時間裏，魯迅等新文學作品屬於禁書。1987年解嚴後，方才開始公開閱讀與講授，不免多有隔閡。經學界及媒體二十年努力，有此景象，已經很不容易。臺灣大學等組織的紀念五四的「系列活動」，不太學術，主要面對青年學生，如「五四之旅」這樣的設計，帶大家去臺大參觀

---

8   楊亮功：〈《五四》重印序〉，收入楊亮功、蔡曉舟編：《五四》（台北：傳記文學出版社，1982）。

9   楊亮功：《早期三十年的教學生活》（台北：傳記文學出版社，1980），頁9–22。

為紀念傅斯年而設立的傅園、傅鐘，去中央研究院看胡適紀念館，還有參觀錢穆故居、林語堂故居等，可惜臺靜農的故居拆了，只好到他晚年居住的地方轉一圈。或者像舉行「五四文學人物」這樣的展覽，包含人物照片、文學期刊，手稿及珍本書籍等。不過，你還是可以看得出來，側重點在「文學」，但這已經不是意識形態的限制，而是民眾的欣賞趣味。

四、在大陸的北大學生怎樣追憶

對於文人學者來說，早年參加五四運動的記憶，絕不僅僅是茶餘飯後的談資，更可能隨時召喚出青春、理想與激情。而借助這些先輩們瑣碎但真切的「追憶」，我們方才得以從容進入「五四」的規定情境。在台灣，傅斯年去世較早，其他幾位北大同學關於「五四」的記憶，並不佔主導地位，加上長期限制在「文藝節」的地盤，怎麼有可能從大陸手中奪回「五四」的闡釋權？相對來說，海峽這邊對於「五四」的追憶與闡釋，雖也有若干禁忌，但還是活躍得多。

眾多追憶與論述中，出於「私心」，我選擇了五位與北大中文系密切相關者，看他們是怎麼談論「五四」的：北大國文門1916級學生許德珩、楊振聲、俞平伯，北大國文門1918級學生孫福源（伏園），以及北大哲學門1917級學生楊興棟（晦）——後者不是中國文學門（系）學生，可日後長期擔任北大中文系主任（1919年北大「廢門改系」，故有時稱「國文門」，有時稱「國文系」，端看提及時間）。

北大國文門1918級學生孫伏園（1894–1966），原名孫福源，筆名伏廬、柏生等，紹興人，著名副刊編輯，主要著作有《伏園遊記》、《魯迅先生二三事》。1920至1925年間，《晨報》副刊之所以每年刊出「五四紀念增刊」，與時任編輯的孫伏園關係很大。而他自己也多次親自操刀，如1921年的〈五四紀念日的些許感想〉，1922年的〈五月四日〉等。新中國成立後，孫伏園先後發表〈幾個「五四」時代的人物訪問記〉（《人民日報》，1949年5月4日）、〈五四運動的廣狹義〉（《光明日報》，1950年5月4日）、〈回憶五四當年〉（《人民文學》，1954年5月）、〈回憶五四運動中的魯迅先生〉（《中國青年》，1953年第9期），後兩文收入中國社會科學出版社1979年版《五四運動回憶錄》。

北大國文門1916級學生楊振聲（1890–1956），是新潮社骨幹，首屆職員中，編輯部三位依次是傅斯年、羅家倫、楊振聲。留美歸來後，楊振聲歷任武昌大學、北京大學、清華大學等校中文系教授，1930年任青島大學校長。抗戰中任西南聯大常務委員會委員兼秘書長、中文系教授，1946年負責北京大學北遷籌備工作，並任教北大中文系。1952年調任長春東北人民大學中文系教授。讀書期間，楊陸續發表了《漁家》、《一個兵的家》等短篇小說，代表作是中篇小說《玉君》。楊振聲關於「五四」的文章不算多，但很精彩，主要是〈五四與新文學〉（《五四卅周年紀念專輯》，〔上海：新華書店，1949〕）、〈從文化觀點上回首五四〉（《觀察》，第6卷第13期〔1950年5月〕）、〈回憶五四〉（《人民文學》，1954年5月），後兩文也收入了《五四運動回憶錄》。

北大國文門1916級學生俞平伯（1900–1990），新文化運動時期任新潮社幹事部書記。1920年1月，俞平伯與傅斯年等乘船赴英國留學，因不適應那邊的生活，4月興盡而返。1923年出版代表作《紅樓夢辨》。長期任教北大，1952年調入北大文學研究所任研究員，次年該所歸併中國科學院。有詩集《冬夜》、《古槐書屋間》，散文集《燕知草》、《雜拌兒》等傳世。關於「五四」的回憶詩文，最精彩的是刊於1949年5月4日《人民日報》的〈回顧與前瞻〉，以及初刊1979年5月4日《文匯報》的〈「五四」六十周年憶往事〉（十首），另外，還有〈五四憶往 ── 談《詩》雜誌〉（《文學知識》，1959年5月）等。

北大哲學門1917級學生楊晦（本名興棟，號慧修，1899–1983），乃「火燒趙家樓」的直接參與者。1920年從北大畢業後，到瀋陽、太原、河北、山東等地教書。1925年秋，在北京與馮至、陳煒謨等組織文學團體沉鐘社。新中國建立後一直執教於北大中文系，長期擔任系主任，每當五四紀念活動，常被要求發言，於是有了以下談論五四的文章：〈用學習來紀念五四〉（《光明日報》，1950年5月4日）、〈五四運動與北京大學〉（《光輝的五四》，中國青年出版社，1959）、〈新與舊，今與古〉（《文藝報》，第8期〔1959〕）、〈回憶五四運動，深入批林批孔〉（《光明日報》，1974年5月5日）、〈回憶五四運動〉（《山西青年》，第5期〔1978〕）、〈五四的道路〉（《北京文藝》，第5期〔1979〕）、〈追求真理的渴望 ── 北京大學楊晦教授談五四運動〉（《光明日報》，1979年5月4日）等。

北大國文門1916級學生許德珩（1890–1990），1920年赴法勤工儉學，1927年春回國。1931年開始，應聘北大。1946年5月4日，九三學社在重慶舉行成立大會，許德珩被選為理事長。新中國成立後，出任諸多要職，如第四、五、六屆全國人大常委會副委員長。1990年2月8日，許德珩因病

許德珩，攝於1940年代

醫治無效，在北京逝世，終年一百歲。在北大念書時，許參與創辦《國民雜誌》，是五四遊行當日被捕的三十二名學生之一，獄中曾口佔兩首詩：「為雪心頭恨，而今作楚囚。被拘三十二，無一怕殺頭。」「痛毆賣國賊，火燒趙家樓。鋤奸不惜死，來把中國救。」因這一經歷，加上身居高位，許很自然地成了「五四」的代言人。除了1950年代發表、日後收入《五四運動回憶錄》的〈五四運動在北京〉、〈孫中山先生對五四學生運動的同情和支持〉、〈五四前的北大〉、〈雜談五四〉等，還有〈紀念「五四」話北大 ── 我與北大〉（《北京大學學報》，第2期，〔1979〕）、〈在紀念五四運動六十周年大會上的講話〉（《人民日報》，1979年5月4日）、〈紀念五四運動六十周年〉（《人民日報》，1979年5月5日）、〈五四運動與體育 ── 五四前夕訪許德珩同志〉（《新體育》，第5期〔1979〕），以及1989年5月4日《光明日報》上的〈紀念五四〉。

在北大的視野中追憶「五四」，其主力毫無疑問是當年的在校生。英文門的羅家倫、哲學門的楊晦等，都有很好的回憶

文字。但最關鍵的，也是我最感興趣的，還是中國文學門諸君的「五四記憶」——包括1916級的傅斯年、許德珩、楊振聲、俞平伯、羅常培；1917級的楊亮功、鄭天挺；1918級的成舍我、孫伏園。如此常說常新的「五四」，毫無疑問，容易被「過度闡釋」，其中有遮蔽，有扭曲，也有意義轉移。如何追憶，怎麼闡發，可藉此觀察一代人的心志與才情——北大學生自然也不例外。

五、一班刊物競成三

俞平伯1979年所撰〈「五四」六十周年紀念憶往事十章〉，其中有：「同學少年多好事，一班刊物競成三。」自注說：「先是北大中國文學門班中同學主持期刊凡三，《新潮》為其之一」。[10] 也就是說，同班同學中，除了以「文藝復興」相號召的《新潮》，還有主張「昌明中國固有之學術」的《國故》，以及提倡「新舊學說並行、東西文化並重」的《國民》。這三個雜誌存在時間都不長，但影響很大。《新潮》十二期，1919年1月至1922年3月；《國民》八期，1919年1月至1921年5月；《國故》五期，1919年3月至10月。我關心的是，當初鼎足而三，可幾十年來，眾多追憶文章，為何獨缺了《國故》？《國故》同人怎麼了，為何難見其自述或追憶？如此任人評說，是否有失公允？

10　俞平伯：〈「五四」六十周年紀念憶往事十章〉，《戰地》，增刊第3期（1979年5月）；此組詩與初刊1979年5月4日《文匯報》上的〈「五四」六十周年憶往事〉（十首）內容相同，但文字略有改動。

北大哲學門1915級學生，晚年長期任教北大的著名哲學家馮友蘭（1895–1990），在《三松堂自序》中稱，趕上了新文化運動，但沒能趕上火燒趙家樓，有點遺憾。[11]而在〈我在北京大學當學生的時候〉中，馮先生提及：「學生們還辦了三個大型刊物，代表左、中、右三派。左派的刊物叫《新潮》，中派的刊物叫《國民》，右派的刊

馮友蘭，攝於1920年代

物叫《國故》。這些刊物都是由學生自己寫稿、自己編輯、自己籌款印刷、自己發行，面向全國，影響全國的。派別是有的，但是只有文鬥，沒有武鬥。」[12]此文撰寫於文革結束之後，故有「文鬥」、「武鬥」一說。五四運動爆發前一年畢業的馮友蘭，感受到了山雨欲來的大氛圍，但未曾真正介入，故不太理解日後鬧翻了天的「新舊論爭」。

章廷謙（1901–1981），筆名川島，浙江紹興人，1919年10月由山西大學轉入北大哲學系後，積極擁抱各種新思潮。1922年畢業，留校任蔡元培辦公室西文秘書兼哲學系助教，1924年與魯迅、周作人等共同創辦《語絲》周刊。章一直追隨魯迅，成為其忘年交。曾在廈門大學、西南聯大等任教，

11　馮友蘭：《三松堂自序》（北京：三聯書店，1984），頁49。

12　馮友蘭：〈我在北京大學當學生的時候〉，《文史資料選輯》，第83輯（北京：文史資料出版社，1982）。此文後成為《三松堂自序》第八章「北京大學」，引文見頁329。

1946年起長期執教於北大中文系。從1921年的〈「五四」的我感〉、1923年的〈紀念「五四」〉，到新中國建立後的諸多言論，可以看出，堅定地捍衛新文化的川島，畢竟是後來者，對新舊之爭的內幕了解甚少。比如稱《少年中國》月刊，「在當時，至少我有這樣的感覺：是和《新青年》、《新潮》兩個雜誌鼎足而三的」；「憑良心說，就是當時的《國故》雜誌不愛看」。[13]作為熱心政治的「新青年」，不看《國故》很正常，但為何談及《新青年》、《新潮》、《每週評論》、《新生活》、《少年中國》，而隻字未提許德珩等編輯的《國民》？

　　1917年考進北大國文門、日後成為著名史學家的鄭天挺（1899–1981），自知功底差，天天泡圖書館，真是「兩耳不聞窗外事」。1933年起，鄭先生出任北京大學秘書長，一直堅持到1950年。1952年院系調整，奉調到南開大學任歷史系教授，這

《語絲》第一期，1924年

決定背後，不無政治因素的考慮。長期幫助北大校長蔣夢麟、胡適工作，解放後不太可能受到重用。正因此，追憶「五四」，很少輪到他發言。其自傳是晚年在兒子的幫助下撰寫的，因此才有《新潮》、《國民》、《國故》三足鼎立的說法：「這時北大的同學很活躍，有三種不同方面的刊物出版：《新

13　參見川島：〈少年中國學會〉，《北大週刊》，1950年5月4日；〈「五四」雜憶〉，《文藝報》，第8期（1959）。

顧頡剛，攝於1937年

潮》、《國民》、《國故》，但我們班的同學卻仍然各自埋頭讀書，很少參加活動。記得有一人給《國故》送了一篇稿子，受到同學的揶揄，大家都自命清高，認為投稿是自己炫耀才識，頗不以為然。我很受這種思想影響，後來不敢、也不願以自己文章就正於人，因而亦就很少寫文章。班上的其他同學，也多如此。」[14]

北大哲學門1916級學生顧頡剛（1892–1980），念書時，經常與傅斯年高談闊論。傅斯年〈《新潮》之回顧與前瞻〉稱，1917年秋天在北大，他和顧頡剛同一宿舍，「有時說到北京大學的將來，我們抱很多的希望，覺得學生應該辦幾種雜誌」。[15]正式辦起《新潮》時，顧在蘇州養病，仍是首批入社的二十一人之一。當年胡適剛進北大，主講中國哲學史，同學很不以為然。顧頡剛約同屋的傅斯年去旁聽，「他去旁聽了，也是滿意」。這故事顧頡剛在1926年版〈《古史辨》第一冊自序〉中，有詳細的描述，[16]且廣為傳播。可顧頡剛學問欲望很強，五

14　鄭天挺：〈鄭天挺自傳〉，收入馮爾康、鄭克晟編：《鄭天挺學記》（北京：三聯書店，1991），頁374。

15　傅斯年：〈《新潮》之回顧與前瞻〉，《新潮》，第2卷1號（1919年10月30日）。

16　顧頡剛：〈《古史辨》第一冊自序〉，收入顧頡剛等編著：《古史辨》，第一冊，頁36。

四時期沒有參加多少政治活動。1920年，顧發表〈我們最要緊著手的兩種運動〉，提出：「我們應覺悟，我們若是誠心要改造政治，總不要用政治來改造政治，務要用社會來改造政治。要去改造政治，先要改造社會。要去改造社會，先要使全國國民都有受教育的機會。大家有了受教育的機會，自然社會文化會漸漸提高起來，才能夠造成有實力的輿論、有價值的公意。」[17] 此文題目下面，有「教育運動」、「學術運動」兩個標語，很能體現胡適的影響以及《新潮》同人的趣味。這就難怪，日後因政治需要，顧也會罵罵傅斯年、羅家倫「實際上都是政治野心家」，[18] 或者說說老同學「薛祥綏、張煊、羅常培等則辦起《國故》來，提倡『保存國粹』，並推劉師培做社長，堅決地和《新潮》唱對台戲」，實在是不明時勢，[19] 但從來不評價許德珩等人的《國民》。

　　談及五四時期的新舊之爭，一般都會引述1919年3月21日《神州日報》上的〈北京大學新舊兩派之爭衡〉。此文稱，陳獨秀、胡適的學生與劉師培、黃侃的學生鬧對立，於是有了《新潮》與《國故》：「蓋學生中固亦分舊新兩派而各主其師說者也。二派雜誌，旗鼓相當，互相爭辯。」劉師培對此報導很反

17　顧誠吾(頡剛)：〈我們最要緊著手的兩種運動〉，《晨報》，1920年5月4日。

18　顧頡剛：〈回憶新潮社〉，收入張允侯等編：《五四時期的社團》，第2冊(北京：三聯書店，1979)，頁124–126。

19　顧頡剛：〈我是怎樣編寫《古史辨》的？〉，收入顧頡剛等編著：《古史辨》，第1冊，頁3。

感，當即在1919年3月24日的《北京大學日刊》上刊發〈啟事〉：「又《國故》月刊由文科學員發起，雖以保存國粹為宗旨，亦非與《新潮》諸雜誌互相爭辯也。」不管當事人如何辯解，沒人理睬，就因為此「新舊對立」的論述框架，簡單明快，容易記憶，也有利於傳播。

作為新派人物的代表，傅斯年等不必怎麼宣傳，其聲譽不脛而走。大概也正因此，傅得以從容地自我反省。〈《新潮》之回顧與前瞻〉談及同人的勇猛精進，在從事「一件最可愛的事業」，但也提醒諸君：「我們原是學生，所以正是厚蓄實力的時候」；「發泄太早太猛，或者於將來無益有損。」提及同時期的可算同道的雜誌，除作為師長的《新青年》，「此外以《星期評論》、《少年中國》、《解放與改造》和短命的《每週評論》、《湘江評論》算最有價值。」[20] 此外，還表揚了《建設》的仔細研究問題，不說空話。有趣的是，傅斯年同樣隻字不提《國民》，到底是不在其視野之內，還是刻意迴避？

《新潮》與《國故》，代表新舊論爭的兩極，評價迥異，但都不會被遺忘。相反，以「增進國民人格，灌輸國民常識，研究學術，提倡國貨」為宗旨，文化立場不新不舊、且更多介入社會改革的《國民》，容易被忽略。對此，北大英文學門1918級學生、國民雜誌社骨幹、日後成為早期共產黨人的黃日葵（1899–1930），就很不以為然。1923年12月17日《北京大學

20　傅斯年：〈《新潮》之回顧與前瞻〉，《新潮》，第2卷1號（1919年10月30日）。

二十五周年紀念刊》上，有黃日葵的〈在中國近代思想史演進中的北大〉，提及五四時期學生兩大傾向：「一種傾向是代表哲學文學一方面，另一種傾向是代表政治社會的問題方面。前者是新潮雜誌社，後者是國民雜誌社。《新潮》於思想改造、文學革命上，為《新青年》的助手，鼓吹不遺餘力，到今這種運動已經普遍化了。國民雜誌社的一群，始初以反抗國際帝國主義（日本）之壓迫這點愛國的政治熱相結合。在雜誌上可以看出他們對於政治問題、社會問題是特別在意的。」[21] 在黃日葵看來，新潮社成員日漸走向整理國故，而國民社成員不少成為布爾什維克的仰慕者，因此，後者更是五四運動的中堅。

　黃君這一論述策略，日後為另一位《國民》的編輯許德珩所繼承。許德珩1958年發表〈回憶國民雜誌社〉，提及《新潮》得到校方的支持：「它比《國民》籌備晚，卻能在同一天出版，這都是因為有胡適幫忙。從文學革命和介紹歐美新文化的角度來說，《新潮》比《國民》的影響大。因為我們反對胡適、傅斯年，所以北大的黃侃、劉師培等人都同情我們，章炳麟也支持我們。」[22] 半個世紀後，在大陸學界，由於支持《新潮》的胡適被批判，支持《國民》的李大釗受表彰，兩個雜誌的地位發生逆轉。

21　黃日葵：〈在中國近代思想史演進中的北大〉，收入張允侯等編：《五四時期的社團》，第2冊，頁35。

22　許德珩：〈回憶國民雜誌社〉，收入張允侯等編：《五四時期的社團》，第2冊，頁37–40。

作為人大副委員長，許德珩在1979年5月5日《人民日報》上發表〈五四運動六十周年〉，談及《新青年》時，順帶提了一下《新潮》，但不忘添上一句：「《新潮》雜誌的主辦人後來全部倒退，走向反動。」至於扮演反派角色的「《國故》派的人物」：教員中有「最頑固的復辟分子辜鴻銘」，「學生中有張暄（煊）、伍一比、羅常培等」。此文著力推薦的，是與自己關係密切的學生救國會與《國民》雜誌。這裏有意識形態的緣故，但也是長期的「瑜亮心結」──《新潮》與《國民》，在五四的舞台上，到底誰是主角。

九十九高齡的許德珩副委員長，在1989年5月4日《光明日報》上發表〈紀念五四〉，對自家觀點有所修正；雖仍是表揚與自我表揚相結合，但態度相對和緩：「這鼎足而三的社團，反映了當時的北大學生在蔡校長『兼容並包』這一方針下的思想分野。他們在五四運動以前的一個時期各自為政，互不相謀，真正是叫作『自由發展』。」

在大陸學界，經由黃日葵、許德珩等人的不懈努力，目前關於這三個學生雜誌的排列，已不再是新舊對峙，中間夾一個面目模糊的《國民》。這左中右的光譜排列，逐漸變成了《國民》─《新潮》─《國故》。其中的奧秘，在於《新潮》社不少要員日後加入國民黨，而《國民》的骨幹更靠近共產黨。因此，新中國成立後的歷史敘述，五四運動的大舞台上，新潮社的位置逐漸被國民社取代。

作為《新潮》的論敵、同樣屬於新文化運動有機組成部分的《國故》，本自有其思想資源及文化追求，可惜，幾十年間

被大眾傳媒及歷史學家徹底漫畫化了。《國故月刊社記事錄》的「發起始末」稱，「歲初俞士鎮、薛祥綏、楊湜生、張煊慨然於國學淪夷，欲發起學報以圖挽救」。此舉得到蔡元培校長支持，並獲開辦費三百元，1919年1月26日「開成立大會於劉申叔先生宅內」。「本月刊以昌明中國固有之學術為宗旨」，「凡北京大學同學有贊成本刊宗旨者得為本社社員」，雜誌聘劉師培、黃侃為總編輯，陳漢章等八教授為「特別編輯」，張煊、薛祥綏、俞士鎮等為編輯，楊湜生等為總務，羅常培等為文牘。[23] 第一期除學生文章外，有劉師培、馬敘倫等助陣。

生不逢時的《國故》，很快被迫扮演反派角色，在眾多關於「五四」的論述中，成為嘲笑對象。如何看待《國故》的功過，那是歷史學家的事；我關心的是，為何《國故》同人不發出自己的聲音。其實，道理很簡單，歷史基本上是勝利者書寫的，作為失敗者的《國故》，沒有多少發言的機會。除了時代大潮，還有很現實的考量：精神導師或去世(劉師培)或離去(黃侃)，根本無法庇護自己的學生；《國故》的主要人物，日後沒能得到很好的發展——相對於胡適支持的新潮社和李大釗支持的國民社，可以看得很清楚。

唯一的例外，是早先不太重要的羅常培，日後在學業上取得很大成績。北大國文門1916級學生羅常培(1898–1958)，早年醉心古典，記錄整理劉師培的《漢魏六朝專家文研究》；大學

23　參見〈國故月刊社記事錄〉，收入王學珍、郭建榮主編：《北京大學史料》，第2卷第3冊(北京：北京大學出版社，2000)，頁2715–2717。

羅常培

畢業後，轉入哲學系半工半讀。正是因其及早改換門庭，走出「國故」社的陷阱，日後才能進入主流學界。羅常培曾任中央研究院歷史語言研究所研究員、北京大學教授、西南聯合大學中文系主任等，1950年，參與籌建中國科學院語言研究所並任第一任所長。五十年代的羅先生，正努力追求進步，積極參加思想改造，也很得政府信任，不願提及那倒楣的《國故》。從〈紀念「五四」的第三十年〉（《五四卅周年紀念專輯》，新華書店，1949），到〈第一個五四文藝晚會的回憶並懷一多、佩弦〉（《光明日報》，1950年5月4日）、〈從朦朧到光明〉（《北京新民報日刊》，1950年5月4日）、〈紀念「五四」要和資產階級劃清思想界限〉（《光明日報》，1952年5月4日），再到〈自傳〉（《羅常培紀念論文集》，商務印書館，1984），羅先生都小心翼翼地迴避《國故》雜誌。談及「五四」時，他更願意追憶的是西南聯大時期，如何和聞一多等不顧當局高壓，發起紀念「五四」的文藝晚會。

真是「上窮碧落下黃泉」，好不容易在1940年9月10日出版的《新光》雜誌第1卷第6期上，找到了《國故》骨幹俞士鎮的〈廖居憶舊錄・一、劉申叔先生〉，其中有這麼一段：「戊己之交，新思潮方熾，余與同學輩請於校長蔡子民先生，創設《國故》月刊，以昌明中國固有之學術，子民先生慨然允之，月助金三百番，並撥給校舍一椽，為辦公處所。遂推舉先師

及黃季剛先生任總編輯……月刊之創也,志在整理舊貫,與校中《新潮》等刊物並行不悖也,外間不察,肆為鼓簧之論,報紙如《公言報》等,逕謂:『劉黃諸氏,以陳胡等(指陳獨秀胡適)與學生結合,有種種印刷物發行,故組織一種刊物,名曰《國故》月刊。』而各書肆炫利求售,更高揭『新思潮之敵《國故》月刊』之幟,道路流傳,妄生揣度,而皆集矢放先師,先師憂憤內結,遂以不起。嗟嗟!《國故》誕生,乃反足以促先師之死,是則又豈余儕所及料耶!」[24]這是目前我唯一見到的《國故》同人的自我辯護,值得全文抄錄。不過,這位活躍於淪陷時期北京學界的俞士鎮,在此後的中國政壇及學界,都不被關注。

不是說「一班刊物競成三」嗎,日後的追憶文字,為何只提《新潮》和《國民》,而不太涉及《國故》?除了該雜誌被定位為「反對新文化運動」,成了反派角色,更因當初國文門1916級大多數同學參加的《國故》月刊,在思想及學術上,確實沒能打開一片新天地;即便「整理國故」的業績,也都不及新潮社的傅斯年、顧頡剛等。時代大潮浩浩蕩蕩,自有其合理性。對於當事人來說,被拋離主流,長期不得志,即便有業績,也不被記憶。因此,作為後來者,我們更應該努力理解「五四」的複雜性與豐富性,警惕「成王敗寇」的思維方式。

24　俞士鎮:〈廖居憶舊錄・一、劉申叔先生〉,《新光》,第1卷6期(1940年9月10日)。

「五四」是不是激進，當然激進，不激進無法衝破各種政治的、思想的、文化的禁錮與牢籠。我們要追問的是，何以以激進著稱的北大，內部竟也如此「四分五裂」？歷史最後選擇了什麼道路，不完全由當事人的意願決定。日後北大學生的追懷與敘述，似乎全都是《新潮》和《國民》的天下，這不對，帶進《國故》的視野，歷史場景才比較完整。一班同學尚有如此分歧，想像五四新文化運動「鐵板一塊」，那是很不現實的。今日學界之所以對新文化內部的「多元並存」缺乏了解與認知，很大程度上緣於長期以來的意識形態宣傳以及歷史學家的誤導。

六、人生路上，不斷與五四對話

對於當事人來說，曾經參與過五四運動，無論在京還是外地，領袖還是群眾，文化活動還是政治抗爭，這一經歷，乃生命的底色，永恆的記憶，不死的精神；毋須諱言，這也是一種重要的「象徵資本」。閱讀眾多北大學生的「五四」證詞，最大的感觸是，無法超越時代，但又都不會完全屈從於一時的政治權威，在一次次飽含激情與深情的追懷與敘述中，或多或少地延續了其青年時代的夢想與追求，或多或少地挑戰著其時的主流思想。觀察這些「好事」的「同學少年」，如何在事隔多年之後，不時穿越歷史時空，與「永遠的五四」對話，可以讓我們領略什麼叫「歷史的魅力」以及「思想的力量」。

說到這，我想推薦幾篇文章，作為「宏大敘事」的補充。孫伏園〈回憶五四當年〉稱：「五四運動的歷史意義，一年比一

年更趨明顯；五四運動的具體印象，卻一年比一年更趨淡忘了。」沒有無數細節的充實，五四運動的「具體印象」，就難保不「一年比一年更趨淡忘了」。[25]沒有「具體印象」的「五四」，只剩下口號和旗幟，也就很難讓一代代年輕人真正記憶。

與此印象和口號之爭相對應的，是細節與大事的互補。楊振聲的〈回憶「五四」〉不講大道理，注重場景描寫，很有趣。文章提及蔡元培校長帶來了清新的空氣，《新青年》警醒了一代青年，接下來是：「當時不獨校內與校外有鬥爭，校內自身也有鬥爭；不獨先生之間有鬥爭，學生之間也有鬥爭，先生與學生之間也還是有鬥爭。比較表示的最幼稚而露骨的是學生之間的鬥爭。有人在燈窗下把鼻子貼在《文選》上看李善的小字注，同時就有人在窗外高歌拜倫的詩。在屋子的一角上，有人在搖頭晃腦，抑揚頓挫地念著桐城派古文，在另一角上是幾個人在討論著娜拉走出『傀儡之家』以後，她的生活怎麼辦？念古文的人對討論者表示憎惡的神色，討論者對念古文的人投以鄙夷的眼光。」至於說到《新潮》、《國民》、《國故》的重要編輯人都在同一班，大家除了唇舌相譏、筆鋒相對外，「甚至有的懷裏還揣著小刀子」，這就有點誇張了。不過，下面這個觀察很有趣：「當時大多數的先生是站在舊的一面，尤其在中文系。在新文學運動前，黃侃先生教駢文，上班就罵散文；姚永

25　孫伏園：〈回憶五四當年〉，《人民文學》，第5期(1954)；又見中國社會科學院近代史研究所編：《五四運動回憶錄》(北京：中國社會科學出版社，1979)，頁253–259。大概因政治不太正確，上述引文入集時被刪去。

樸老先生教散文，上班就罵駢文。新文學運動時，他們彼此不罵了，上班都罵白話文。」[26]

　　都是血氣方剛的大學生，哪能都像城府極深的政治家那樣說話行事，除學術及文化立場外，難免還有意氣之爭。日後的諸多追憶，越來越理性，越來越「政治正確」，這就有點可疑了。許德珩1950年代後，不斷談論「五四」，1979年、1989年兩次在《人民日報》發表長篇文章，不全是職責所在，其中也有個人感懷。應母校北大的邀請，許德珩還撰寫了長篇自傳《為了民主與科學——許德珩回憶錄》。就像書名顯示的，許先生一生都在追求青年時代的夢想——其對於五四歷史的追憶不見得十分可靠，對於五四精神的闡釋容有偏差，但終其一生，與「五四」展開不懈的對話，這點讓人感動。自傳中涉及五四運動部分，有段話我很感興趣：「因為我們與傅斯年合不來，他們幹的事我們不幹……《新潮》提倡寫白話文，我們《國民》就偏用文言體裁發表文章。當然，這與我們的刊物是全國性的有關，因為當時社會上對於白話文還不易接受，但是也含有與《新潮》搞對立的意圖。到了『五四』以後，《國民》雜誌的文章就改為白話文了。」[27]這話有自我辯解的成分，畢竟人家用白話寫作在先；可其中透露出來的「意氣之爭」，確實屬於「同學少年」。

26　楊振聲：〈回憶「五四」〉，《人民文學》，5月號（1954）；又見《五四運動回憶錄》，頁260–264，入集時有刪節。

27　許德珩：《為了民主與科學——許德珩回憶錄》（北京：中國青年出版社，1987），頁40。

　　在〈五四偶談〉和〈「五四」二十五周年〉中，傅斯年稱平日不談五四，因為「我也是躬與其事之一人，說來未必被人認為持平」；對於「社會上有力人士標榜『五四』的時代」，更是不願附和。明白「五四」本身的局限性——淺薄乃至偏激，但當有人刻意抹殺時，會挺身而出，捍衛「五四的精神遺產」[28]——這或許是很多「五四」老人的共同立場。

　　說到「五四」老人的自我反省，還可舉出俞平伯的〈「五四」六十周年憶往事十章〉。懷念「風雨操場昔會逢」以及「趙家樓焰已騰空」，接下來是將「四五」比擬「五四」，稱「波瀾壯闊後居先」。最有意思的是第十章：「吾年二十態猶孩，得遇千秋創局開。耄及更教談往事，竹枝漁鼓盡堪哈。」詩後有自注：「當時余浮慕新學，嚮往民主而知解良淺。」[29]除了將宏大敘事轉化為私人追懷，更將「五四」理解為代有傳人的「千秋創局」。比起許多政治人物的宏論，我更認同詩人俞平伯的立場：曾經，我們以為「五四」的支票已經兌現了；[30]後來終於意識到，當初之「浮慕新學」有很大的局限性。但這一點也不妨礙我們對這段「青春歲月」永遠的懷想。某種意義上，不僅當年的大學生俞平伯「嚮往民主而知解良淺」，連大名鼎鼎的教授也好不到哪裏去。用今天的眼光來挑剔五四新文化人的諸

28　參見傅斯年：〈五四偶談〉，《中央日報》(重慶)，1943年5月4日；〈「五四」二十五周年〉，《大公報》(重慶)，1944年5月4日。

29　俞平伯：〈「五四」六十周年紀念憶往事十章〉，《戰地》，增刊第3期(1979年5月)。

30　俞平伯：〈回顧與前瞻〉，《人民日報》，1949年5月4日。

多毛病，其實並不困難；難的是「同情之了解」，以及批判中的接受與創生。

閱讀北大校史資料時，我感觸最深的是：同一個中國文學門（系），直接參與五四新文化運動的學生（1916、1917、1918級），明顯比此前此後的同學更有出息。為什麼？因為有激情，有機遇，有舞台。依我的觀察，各大學各院系大都如此。當初的「同學少年多好事」，以及日後的追懷與闡釋，成為其不斷前進的精神動力。昔日的口號或學說，早就被後人超越了，但那種追求真理的氣勢，以及青春激情與理想主義，永遠值得你我追慕。

最後談談四點感想。第一，當事人對於「五四」的追懷與闡釋，既可愛，也可疑；由此建構起來的「歷史」，不可避免地隱含著敘述者的政治立場及個人趣味。可也正是這種不斷的對話，保證了「五四」的理想性「代有傳人」。諸多北大學生的追憶，構成了「五四傳說」的主體；即便如此，決定論述方向的是政黨，而不是作為個體的羅家倫或許德珩。令人欣慰的是，北大學生在順應時代潮流的同時，往往有自己的堅持。

第二，當年立場迴異的大學生，本就呈五光十色，日後更是分道揚鑣。對於他們來說，這是一個上下求索的時代，很難說誰是主流，誰是支流，誰是逆流。後人在褒獎那些站在舞台中央並收穫大量掌聲的學生的同時，請對那些處於邊緣地帶、在聚光燈之外苦苦掙扎的青年學生，給予「了解之同情」。讚美弄潮兒，理解失敗者，只有這樣，才能構成完整且真實的「歷史場景」。

　　第三，茅盾在《中國新文學大系・小說一集》的〈導言〉中，曾將新文化運動初期雜亂的文學活動比作「尼羅河的大氾濫」：「跟著來的是大群的有希望的青年作家，他們在那狂猛的文學大活動的洪水中已經練得一付好身手，他們的出現使得新文學史上第一個『十年』的後半期頓然有聲有色！」[31]引申到政界與學界，何嘗不是如此，這次「尼羅河的大氾濫」，日後長期滋養著無數青年——尤其是「近水樓台先得月」的北大學生。但這有個前提，不能滿足於「吃『五四』飯」。對於「五四」，只唱讚歌，遠遠不夠；理解傅斯年和俞平伯的立場，當事人的自我反省以及後來者的批判能力，同樣必不可少。

　　第四，去年的這個時候，我在北大召開的「『五四』與中國現當代文學」國際研討會的開幕式上，說了這麼一段話：人類歷史上，有過許多「關鍵時刻」，其巨大的輻射力量，對後世產生了決定性影響。不管你喜歡不喜歡，你都必須認真面對，這樣，才能在沉思與對話中，獲得前進的方向感與原動力。在我看來，「『事件』早已死去，但經由一代代學人的追問與解剖，它已然成為後來者不可或缺的思想資料」。對於二十世紀中國思想文化進程來說，「五四」便扮演了這樣的重要角色。作為後來者，我們必須跟諸如「五四」（包括思想學說、文化潮流、政治運作等）這樣的關鍵時刻、關鍵人物、關鍵學說，保

31　茅盾：〈《中國新文學大系・小說一集》導言〉，《中國新文學大系・小說一集》（上海：良友圖書公司，1935），頁8。

持不斷的對話關係。這是一種必要的「思維操練」，也是走向「心靈成熟」的必由之路。[32]

　　不過，坦白交代，這段話是從我的《觸摸歷史與進入五四》一書中抄來的。想不出更好的結束語，我只能再次引錄，然後添上一句：諸位，請打起精神，豎起脊梁，認真地與「五四」那個風雲變幻的時代以及那一代北大學生展開深入對話。

32　陳平原：《觸摸歷史與進入五四》(北京：北京大學出版社，2005)，頁3。

兼及「思想」、「文采」與「行動」

　　歷史上很難見到像「五四」這樣的幸運兒 ——時間不長、犧牲很小，但影響卻極為深遠。事件發生的當月，按理說，塵埃尚未落定，可已經有北大教務長顧孟餘、學生領袖羅家倫以及著名政論家張東蓀分別在《晨報》、《每週評論》與《時事新報》上撰文，命名此「運動」，且表彰其「精神」。而從第二年起，北大學生就開始了關於五四運動的紀念、追懷與闡釋。此後將近百年，中國社會不斷轉型，政治形勢跌宕起伏，文人學者乃至立場迥異的政治家，從未停止過對於五四的「言說」——儘管結論千差萬別，但各方都承認，這是新舊轉折時期重要的里程碑。

　　新中國成立後，每逢五四青年節，《人民日報》等報刊必發表社論或紀念文章，藉此不斷地與先賢對話。正是這一次次的對話、碰撞與融合，逐漸形成了今天中國的思想格局。近年風氣陡變，隨著保守主義思潮的迅速崛起，社會乃至學界對「五

---

*　　本文初刊於《人民日報》，2017年5月4日，刊出時改題〈「五四」，永遠的精神標竿〉。

四」有很多批評，對此，我們需要做出回應。不管是表彰還是批評，只要能參與當下的社會變革，就是重要的思想資源。在這個意義上，「五四」仍然活在當下，並沒有離我們遠去。

作為研究對象的「五四」與作為思想資源的「五四」，二者互相關聯，但並不完全等同。學術界的求真務實，與大眾傳媒的借題發揮，各有其合理性。即便講求貼近現實、與時俱進的後者，也請記得，「五四」是思想的磨刀石，而不是蘊藏無數錦囊妙計的百寶箱。你很難即問即答，有求必應。與其就無數現實問題問計於先賢，不如借助持之以恆的對話，獲得某種價值立場與思維方式——這才是「五四」之所以常說常新的奧秘所在。

所謂五四運動，不僅僅是 1919 年 5 月 4 日那一天發生在北京的學生遊行，它起碼包括互為關聯的三大部分：思想啟蒙、文學革命、政治抗議。這是「五四」最值得注意的一點。日後專業化程度提升，只能在某一方面用功，即便有所斬獲，也多是單面向的。自以為聰明的今人，很容易根據自己的專長，挑剔前輩的淺薄、天真與浮躁。其實，五四新文化人那種「鐵肩擔道義，妙手著文章」的志向，以及兼及文采飛揚、思想深邃、行動果敢的能力，是後世的我們很難企及的。如此三合一，不僅是建功立業的理想境界，也是令人羨慕的生命形態。

將「五四」確定為「青年節」而不是「文藝節」，正是看重其青春勃發、上下求索的剛毅與雄健。任何時代的年輕人，都是喜歡仰望天空、神遊萬仞的；而最終能實現當初夢想的，微乎其微。這裏有外在環境的限制，也包括自身能力的調動、調適

與發揮。只有思想而無行動，容易顯得蒼白；反過來，只有行動而無思想，則只能是莽漢。至於表達能力，不僅是人際交流的潤滑劑，也是其吸引追隨者的不二法門，甚至乃自家功業長留天地間的關鍵。

這是以「新青年」為主體的運動，當初的大中學生，學問及見識遠不及蔡元培、陳獨秀、李大釗、胡適以及周氏兄弟等，但藉此機遇登上歷史舞台，日後揮斥方遒，大有成就。因此，不妨暫時擱置師長輩的高屋建瓴，編一冊「五四青年」的文集，看看百年前的中國青年是如何苦悶與掙扎、思考與表達的。這對於當下無數拚搏在課堂上以及職場中的年輕人，無疑更具啟迪作用。

那是一個重要的精神標竿──時勢早已變遷，但其生氣淋漓的生命形態，依舊引人馳想與懷念。

2017 年 4 月 29 日於京西圓明園花園

我的五四之路

從「觸摸歷史」到「思想操練」
——我看五四及五四研究

人類歷史上，有過許多「關鍵時刻」，其巨大的輻射力量，對後世產生了決定性影響。不管你喜歡不喜歡，你都必須認真面對，這樣，才能在沉思與對話中，獲得前進的方向感與原動力……對於二十世紀中國思想文化進程來說，「五四」便扮演了這樣的重要角色。作為後來者，我們必須跟諸如「五四」（包括思想學說、文化潮流、政治運作等）這樣的關鍵時刻、關鍵人物、關鍵學說，保持不斷的對話關係。這是一種必要的「思維操練」，也是走向「心靈成熟」的必由之路——以上這段話，出自本人《觸摸歷史與進入五四》一書的「導言」。其中三個關鍵詞（KEYWORD）——「關鍵時刻」、「觸摸歷史」、「思維操練」——是我從事五四研究的基點，既是立場，也是方法。

讀碩士及博士期間，我的專業方向是中國現代文學，這樣的專業背景，促使我長期與五四對話。無論撰寫小說史著作

---

* 　此乃作者 2018 年 12 月 21 日在台北中研院文哲所舉辦的五四座談會上的發言，後改編為在美國哈佛大學舉辦的「五四@100：中國與世界」學術研討會（2019 年 4 月 12／13 日）上的主題演講。初刊於《中國文哲研究所通訊》，第 29 卷第 1 期（2019 年 3 月）。

《中國小說敘事模式的轉變》(1988)、學術史專論《中國現代學術之建立》(1998)，還是教育史書籍《老北大的故事》(1998)，五四始終是我關注及論述的焦點。只不過我所理解的五四，遠不只1919年5月4日天安門前的集會遊行，起碼包括思想啟蒙、文學革命與政治抗爭三大塊。其大致進程是這樣的——醞釀於戊戌變法(1898)，得益於科舉取消(1905)，崛起於《新青年》創刊(1915)，成熟於白話文進課堂(1920)，國共分裂後「主義」之爭凸顯，眾聲喧嘩局面結束(1927)。堅持從晚清與五四兩代人合力的角度立論，將五四主要理解為「新文化」的「運動」，這一點我和張灝先生的意見比較接近。[1]

開宗明義專論「五四」的，在我只有以下兩本半書。第一，《觸摸歷史與進入五四》(北京：北京大學出版社，2005；2010；2018；〔英譯本〕*Touches of History: An Entry into 'May Fourth' China*, trans. Michel Hockx [Leiden · BOSTON: Brill, 2011])，此書的雛形是2003年台北二魚文化出版公司刊行的《觸摸歷史與進入五四：一場遊行、一份雜誌、一本詩集》。第二，《作為一種思想操練的五四》(北京：北京大學出版社，2018)。前一種屬於專著，第二種帶論戰性質，二書長短及體例不一，只是在將「五四」作為思想的磨刀石這一點上，立場相同。

這裏先說那半本，也就是我與夏曉虹合編的《觸摸歷史——五四人物與現代中國》(廣州：廣州出版社，1999；北

1　參見陳平原：〈「新文化」如何「運動」——關於「兩代人的合力」〉，《中國文化》，秋季號(2015)。

《觸摸歷史與進入五四》(2005；2018)和其英譯本的書影

京：北京大學出版社，2009），此書明年(2020)出增訂版，現已編輯完成。二十年前，此書甫一出版，我就意識到學生部分相對單薄。全書分「為人師表」、「橫空出世」、「內外交困」、「眾聲喧嘩」四輯，分別談論老師輩、學生輩、政府官員以及社會各界。雖有傅斯年等十三人作為代表，但與「青年運動」的歷史定位相比，分量還是不夠。這回增訂重刊，我又補了十六篇，兼及政治立場的左中右，還有思想、文藝、學術、出版等不同領域，力圖使青年運動的面目更為清晰。書編好了，回過頭統計，發現初編十三名學生中，北大佔了八個；續編十六位全部屬於北大。而總共二十四名北大學生中，國文系十名、哲學系七名，佔了絕大多數。也曾反省是不是我的偏見，逐一核查，沒有發現大的瑕疵。反過來想，值此風雲突變的歷史關頭，需要的不是理智與學養，而是敏感、擔當與表達，這方面國文系、哲學系的學生，比數學系、歷史系學生佔優勢。當然，這也與我長期關注教育史，對北大史料相對熟悉不無關係。

關於五四新文化運動這樣眾說紛紜的話題，確實是「橫看成嶺側成峰，遠近高低各不同」。作為研究者，你可以往高處看，往大處看，也可以往細處看，往深處看。我採取的是後一種策略——於文本中見歷史，於細節處顯精神。在《觸摸歷史與進入五四》的〈導言〉中，我談及：「作為方法的『觸摸歷史』，不外是借助細節，重建現場；借助文本，鈎沉思想；借助個案，呈現進程。討論的對象，包括有形的遊行、雜誌、大學、詩文集，也包括無形的思想、文體、經典、文學場。入口處小，開掘必須深，否則意義不大；不是所有瑣瑣碎碎的描述，都能指向成功的歷史重建。」至於為什麼這麼做，有新歷史主義的影響，但更多的是魯迅、陳寅恪、錢鍾書等人的啟示。這點，我在〈導言〉中老實做了交代，不敢冒充先鋒與時尚。

與宏論或通史不同，《觸摸歷史與進入五四》其實只是集中討論了一場遊行、一份雜誌、一位校長、一冊詩集、一本小冊子，以及若干零篇。最能代表本書治學風格及趣味的，當屬第一章〈五月四日那一天——關於五四運動的另類敘述〉。此章撰寫於1999年3月，最初題為「觸摸歷史與進入『五四』」，提交給政治大學文學院主辦的「五四運動八十周年學術研討會」，收入同年刊行的《五四運動八十周年學術研討會論文集》。會議是在中央研究院召開的，但好事多磨，中間跌宕起伏，我和好幾位大陸學者是在會議第二天才匆匆趕到台北的。如此插曲，論文集序有專門的交代，足見話題的敏感以及兩岸學術交流之不易。為我的論文做評議的，是中研院近史所老前

輩呂士朋先生,記得他不吝表彰,對我的研究方法及述學文體多有溢美之詞,這對我來說當然是很大的鼓勵。

我在《觸摸歷史與進入五四》英譯本序中提及:「『五四』之所以能吸引一代代讀書人,不斷跟它對話,並非濫得虛名,主要還是事件本身的質量決定的。必須承認,一代代讀者都與它對話,這會造成一個不斷增值的過程;可只有當事件本身具備某種特殊的精神魅力以及無限豐富性,才可能召喚一代代的讀者。」實際上,二十世紀中國史上,庚子事變、辛亥革命、抗日戰爭、反右運動、文化大革命等也都是關鍵時刻,只是因有的面向相對單純,論述思路容易趨同;有的備受壓抑,沒能得到充分發掘,其思想史意義也就受到很大的局限。在這個意義上,五四運動十分幸運,不僅塵埃未定就被正面命名,第二年起便開始認真紀念,更因立場迥異的黨派,雖心裏各有盤算,表面上都得讚賞五四青年的愛國熱情。因此,可以這麼說,這是一個被允許「充分論述」的「關鍵時刻」——至於做得到做不到,那是另一回事。

這就說到我那冊小書——書名《作為一種思想操練的五四》,作者用心昭然若揭。在我看來,五四的重要性在於,第一,形象正面;第二,豐富多彩;第三,意猶未盡——正因歷來眾說紛紜,方才有不斷追憶與闡釋的必要性與可能性。

一代代中國人,從各自的立場出發,不斷地與「五四」對話,賦予它各種「時代意義」,邀請其加入當下的社會變革;正是這一次次的對話、碰撞與融合,逐漸形成了今天中國的思想格局。這裏也包含百年來國共兩黨對於五四運動闡釋權的爭

奪,如何與一時代的意識形態建構糾合在一起。[2]也正因此,五四不僅僅是重要的歷史事件,更是百年中國讀書人重要的思想資源,還是極為活躍的學術話題,甚至可以作為時代思潮變化的試金石。在這個意義上,「五四」之於我輩,既是歷史,也是現實;既是學術,更是精神。

如此常說常新的「五四」,毫無疑問,容易被「過度闡釋」,其中有遮蔽,有扭曲,也有意義轉移。你可以讚賞,也可以質疑,但最好不要輕言「超越」。1949年,天翻地覆之際,俞平伯感慨五四新文化人想做的事情,「現在被中共同志們艱苦卓絕地給做成了」;這好比是三十年前的支票,如今總算兌現了。[3]三十年後,俞平伯撰〈「五四」六十周年憶往事〉(此組詩初刊《文匯報》,1979年5月4日),第十章詩後自注:「當時余浮慕新學,嚮往民主而知解良淺。」比起許多政治人物的宏論,我更認同詩人俞平伯的立場:曾經,我們以為「五四」的支票已經兌現了;其實,當初的「浮慕新學」與日後的「竹枝漁鼓」,均有很大的局限性。近在眼前的兩件事,讓我感慨遙深,一是2018年5月4日下午2點,臺灣大學「傅園」舉辦「傅斯年校長追思會暨紀念五四運動晉百年」,有關臺大「新五四運動」的連續報導,我是從中時電子報等媒體獲得的;二是9月間德國邵賓納劇院在南京江蘇大劇院上演《人民公敵》的計

2　參見陳平原:〈波詭雲譎的追憶、闡釋與重構──解讀「五四」言說史〉,《讀書》,第9期〔2009〕。

3　參見柏生:〈幾個「五四」時代的人物訪問記〉,《人民日報》,1949年5月4日。

劃被取消，[4]原因是該劇在京演出時出現「負面效果」。後者讓我明白易卜生戲劇仍有殺傷力，一如五四時期；前者則提醒我，五四仍然可以成為旗幟。

在中國大陸談五四運動，表面上順理成章，其實潛藏著兩種陷阱：一是政府對於學潮的高度敏感與警惕，害怕學者借古諷今乃至挑起事端；二是國學熱、大國崛起以及民粹主義思潮，使得「批判傳統」成了某種禁忌。我曾談及自己幾次「馬失前蹄」，全都因為談五四 —— 具體過程不說了，只是想想很悲傷，即便討論歷史問題，也得盡量迴避敏感詞。「原本十分豐富的話題，或相當深刻的見解，為了適應現實環境，你只能點到為止，不敢深入開掘。後世學者看我們，大概會覺得很奇怪，為何說話吞吞吐吐，好像智商有問題。但另一方面，作為人文學者，我也無法保證一旦禁忌完全撤銷，就一定能比現在做得更好。」[5]

在〈作為一種思想操練的「五四」〉一文中，[6]我曾談及：中國人說「傳統」，往往指的是遙遠的過去，比如辛亥革命以前的中國文化，尤其是孔子為代表的儒家；其實，晚清以降的中國文化、思想、學術，早就構成了一個新的傳統。可以這麼說，以孔夫子為代表的中國文化，是一個偉大的傳統；以蔡元培、陳獨秀、李大釗、胡適、魯迅為代表的「五四」新文化，

4　參見〈江蘇大劇院：「因舞台技術原因」德國《人民公敵》開始辦理退票〉，《新京報》，2018年9月11日。

5　陳平原：〈為何不斷與五四對話〉，《文藝爭鳴》，第9期 (2018)。

6　初刊《探索與爭鳴》，第7期 (2015)。

也是一個偉大的傳統。某種意義上，對於後一個傳統的接納、反思、批評、拓展，更是當務之急，因其更為切近當下中國人的日常生活，與之血肉相連，更有可能影響其安身立命。

明年 (2019) 是五四運動一百周年，無論政府還是民間，都會組織紀念活動。我之所以提前出版《作為一種思想操練的五四》，並舉辦相關座談會、出版討論專輯，是基於我對中國國情以及「五四言說史」的了解。考慮到當下的精神氛圍與學術範式，明年的五四紀念，估計熱鬧有餘而成果欠佳，不太可能取得大突破。既然如此，那就學民間過虛歲，我們提前紀念，起碼可以說幾句心裏話。

我的「五四」百年

　　十五年前，我在《觸摸歷史與進入五四》的〈導言〉中稱：「『五四』之於我輩，既是歷史，也是現實；既是學術，更是精神。」這個立場，至今沒有改變。這就很能理解，面對「五四」百年這麼一個重要節點，我不能不有所表示。可問題在於，該說的以及能說的，我已多有著述，如談論興學堂與鬧學潮之關係（《老北大的故事》，江蘇文藝出版社，1998；〔增訂本〕北京大學出版社，2009；2015），考究代際交替與學術創新（《中國現代學術之建立——以章太炎、胡適之為中心》，北京大學出版社，1998；2005；2010），辨析政治運動與述學文體的張力（《觸摸歷史與進入五四》，北京大學出版社，2005；2010；2018；〔英譯本〕，2011），研究大眾傳媒與現代文學之勾連（《「新文化」的崛起與流播》，北京大學出版社，2015），不敢說有多大創獲，但起碼認真思考過。因此，輪到紀念五四運動一百周年，在我已經是老狗變不出什麼新花樣，更多扮演參與者與觀察者的角色。

---

*　　本文初刊於《國是諮詢》，第6期（2019）。

《觸摸歷史——五四人物與現代中國》（1999；2009）書影

　　二十年前，我和夏曉虹合編《觸摸歷史——五四人物與現
代中國》（廣州出版社，1999年），十年前，此書由北京大學出
版社重刊，只是改正了幾個小錯誤。這回香港中和出版社出增
訂本，我決定小修大補——原書雖選擇了傅斯年等作為代
表，但學生部分還是顯得單薄。新增十六篇談五四時期的北大
學生，與原先「橫空出世」輯的十三文合觀，兼及政治立場的
左中右，還有思想、文藝、學術、出版等不同領域，這場「青
年運動」的面目方才顯得豐滿。

　　應台灣大塊文化的邀請，我與早年學生季劍青合作，編一
冊《五四讀本》。為什麼採取這麼一種紀念形式？我在序言中
稱：「一次次帶有儀式感的五四紀念，自有其社會動員與文化
建設的意義。但我以為更重要的，還是閱讀當年那些核心文
本，經由自己的獨立判斷，與歷史展開深入對話；而不是人云

亦云，記得某些標準答案。」十多萬字的「讀本」，主要面向公眾，學術上不可能有什麼創見，但一編在手，能大致呈現那個風雲激盪的時代，也自有別樣的意義。

去年（2018）5月，我提前在北京大學出版社推出《作為一種思想操練的五四》，算是給「五四」百周年過虛歲的生日。該書並非材料豐富、立論謹嚴的史著，而是單刀直入、帶論戰性質的評論，目的是勾起讀者對「五四」的興致，進而閱讀、思考與論辯。書出版後，北大人文社會科學研究院組織了專題討論會，[1] 同人意猶未盡，各自將發言稿整理成文（刊《文藝爭鳴》，第9期〔2018〕）。此專輯共十文，包括我的〈為何必須不斷與五四對話〉，各有長短，但都感慨遙深。

比起以上編著來，我更想談的，是今年（2019）參加的三個紀念五四運動一百周年的學術會議。五四百年紀念，中外學界有很多活動及著述，限於個人的行程及學力，我只能蜻蜓點水。

某種意義上，五四的歷史地位是北大師生做出來的，也是他們說出來的——1920年起，連續六年，每到5月4日，北京的《晨報》必出紀念專刊，作者絕大部分是北大師生。國民政府定都南京後，出於對青年學生政治激情的恐懼，制止舉辦五四紀念活動；唯獨北大師生不理睬這一禁令，依舊我行我素。正因這種長期堅持，談論五四運動，似乎成了北大師生的「徽記」。1979年3月中國社會科學出版社刊行《五四運動回憶

1　參見李浴洋：〈對話「五四」：理解歷史與關懷時代——陳平原新書研討：思想操練的迫切　壓在紙背的心情〉，《北京青年報》，2018年6月30日。

錄》上下兩冊，11月刊行《五四運動回憶錄》續編，談論五四運動在北京的，三分之二是北大師生所寫。如今，紀念五四運動一百周年，不管外界態度如何，北大責無旁貸。考慮到春光明媚的4、5月重要活動很多，同人商議，選擇3月底這個乍暖還寒的時節，以我們自認為恰當的形式紀念五四運動一百周年。

3月30日在北大舉辦的「五四與現代中國」學術論壇，分上下兩場，下午是分論壇，有十七篇論文發表；上午的「主題論壇」包括六位演講人——北京大學陳平原、日本京都大學狹間直樹、四川大學羅志田、美國哈佛大學王德威、英國劍橋大學方德萬（Hans van de Ven）以及台灣中研院史語所王汎森。作為主人，我演講兼司儀，其他五位按年齡排列。以我多年參加學術會議的經驗，若珠玉在前，主持人還在後面絮絮叨叨，不管複述還是評論，都是對聽眾智商的侮辱。我不做這種討人嫌的事，所謂「引言人」，就是報幕，引出精彩的發言人。至於為何分主會場與分會場，還有不設提問環節，那都是為了增加保險係數。此前北大為紀念五四運動八十周年、九十周年所舉辦的學術會議，都出現過風波。這就難怪校方提心弔膽，深怕會議「節外生枝」。會前三天才在網上發布電子海報，很快就有兩萬多的閱讀量，讓人不喜反憂。好在聽眾與講者都很配合，我等也都不辱使命，總算圓滿完成任務。因調子未定，媒體不宜過分渲染；可學者的聲音也自有其價值，於是請各位主講人刪繁就簡，做成一專輯，交《探索與爭鳴》5月號刊出。至於我自己的文章〈危機時刻的閱讀、思考與表述〉，此前交給了香港的《二十一世紀》雙月刊，將刊4月號。

　　比起北大會議的過分沉重，半個月後（4月12/13日）在美國哈佛大學舉辦的「五四@100：中國與世界」學術研討會，可就輕鬆多了。會議由哈佛大學王德威教授和衛斯理大學宋明煒教授合辦，設置了兩個主題演講，12日上午是海德堡大學瓦格納教授的〈重建五四場域：交流、宣傳與國際參與人員的作用〉，13日上午是我的〈從「觸摸歷史」到「思想操練」──我看五四及五四研究〉。眾多論文分六組發表，此外還有兩個圓桌會議，一是年長一輩談「五四不是昨天」，一是「新青年」說「五四如何超越」。印象深刻的，還有召集人精心策劃，命題作文，邀請日本、韓國、新加坡、馬來西亞、台灣、香港等地學者，談論五四運動在東亞各地的影響、對話與傳播。

　　相對於大名鼎鼎的哈佛大學，號稱「南方哈佛」的萊斯大學（Rice University），位於美國第四大城市休士頓，並不是東亞研究的重鎮，這回出人意料，在該校趙氏亞洲研究中心的支持下，召開了「五四運動新視野」研討會。會議規模不及北大及哈佛，總共發表司馬富（Richard J. Smith）、錢南秀、夏曉虹、陳平原、趙沈允、楊聯芬等六篇論文，有四十多位師生「共襄盛舉」，這對於萊斯大學來說，已經很了不起了。考慮到講者及聽眾的語言能力，錢南秀教授事先將各自的PPT做成中英雙語，這樣節省時間，且效果很好。準備會議發言，我頗有心得，乾脆寫成〈新文化運動中「偏師」的作用及價值〉，交給《北京大學學報》發表。

　　大概是心有靈犀一點通，為紀念五四運動一百周年，過去一年半載，國內外大學不知有多少以五四為主題的選修課。我

是上學期在北大講授，王德威則是這學期在哈佛開課。在王教授4月29日的最後一講上，我應邀談〈五四的正面、背面與側面〉，把那些意猶未盡的思考以及壓在紙背的情緒，與年輕一輩學者分享。

還是此前講過的，對於今天的中國人來說，五四既非榜樣，也非毒藥，而更像是用來砥礪思想與學問的「磨刀石」。每代人都有自己的問題意識，也都有獨特的發現與遮蔽，一百年的「五四紀念」，其得失成敗本身便值得關注。基於個人經驗及考察，我對今年轟轟烈烈的五四運動百年紀念，有如下四個擔憂——一怕成長在太平盛世的年輕一輩，無法接受五四新文化人那些「危機時刻的閱讀、思考與表達」；二怕年復一年大張旗鼓的紀念活動徒具形式，變得日益口號化與空洞化；三怕學界就事論事，沒能拓展視野，在理論上有所提升；四怕成為純粹的書齋學問，沒能因應時代話題，也無法介入現實生活。畢竟，五四研究與當代中國政治以及中國人的精神生活密切相關。

落日餘暉中，漫步在查理斯河畔，遙想百年前北京街頭新文化人的英姿，只有心嚮往之而已。比起諸多才華橫溢或居高望遠者，這點工作實在不算什麼；可在我，已算盡力而為了。

至此，我的「五四」百年紀念，總算告一段落。

2019年4月21日於休斯頓旅次

附 錄

與五四對話

——答《光華雜誌》張靜茹問

　　即便今天人們對五四那一代人有所批評，但我對五四人物仍懷有溫馨感覺，特別在78、79年，大陸由文革中走出來，長期與西方思想隔膜，懷念五四開放精神，怎麼回到五四，是很真切的問題。因此，七、八十年代學界受五四影響特別深，對五四的認同感特別強。

　　但八十年代後期有一些改變，對改革開放後熱情擁抱西方、歸咎傳統，出現《河殤》這樣強烈批判傳統的作品，大家的理解逐漸不同。89年是「五四」七十周年，許多人有了心理準備，慢慢在進行調整、反思，準備和五四重新對話，清理五四時代對中、西文化的看法。但此後形勢急轉直下，加上學理上缺乏很好的準備，因此，擬想中的與五四對話，不得不草草收場。九十年代後，學界出於自覺的反省，知道以西學剪裁中學、將西學直接植入中國土壤是有問題的，因此，不再那麼盲目談西化。

---

*　　此乃張靜茹採訪整理稿，初刊台灣《光華雜誌》1999年7月號，原題〈與五四對話——陳平原〉。

若說六、七十年代是偉大領袖毛主席教導我們該如何如何，八十年代就是馬克斯‧韋伯、海德格怎麼怎麼說，九十年代呢？學界普遍希望直接面對中國問題，但可以借重西方的思路進行研究。

博古通今

我的博士、碩士論文研究的是二十世紀的中國文學，它讓我更多接觸五四。我對文化、學術的思考，也常是從回答五四問題開始。

五四以來，中國引進西方注重專家之學的教育制度，在發展中國現代學術的同時，也留下不小的後遺症。比如我自己，談論二十世紀中國文學時從晚清講起，這已經算是「眼界開闊」了。可這仍等於將中國文學只裁一段，就算講說得「頭頭是道」，其實還是有問題的。今天做學問的人，常是通古的不通今、通今的不通古。我想，只有血脈貫通，接上先賢的思想，才能全局在胸，討論具體問題時，也才能高屋建瓴。

今天要超越五四時代的文學論述，不能不理解西方的文學概念，但也要理解中國傳統文學思想。胡適先生說《儒林外史》寫得不好，因為他以西方十九世紀巴爾札克的寫實小說來理解中國文學。但我要套用清人的說法：以寫實故事來看《儒林外史》的，只能算是呆漢。《儒林外史》是一篇大文章，以文章結構來看，是上好的佳作。

今天文學界習慣以西方文類概念來整合中國文學，因此出現西方文類概念無法解釋的問題。例如過去受西方衝擊，從章太炎、蘇曼殊、胡適、聞一多、林庚一路問下來：中國的史詩在哪裏？有人由《詩經》找片段，組合起來，認為是中國的史詩。但我認為，那可能是在尋找本來就不存在的東西。追問古代中國為何沒有規模宏大的史詩，在我看來，是偽命題。需要追問的，應該是：為何中國人不要史詩，反而從杜甫到黃遵憲，把敘事給詩情化，因而有源源不絕的「詩史」？

若以西方文類比附，中國的「散文」也是個無法說清楚的概念。人們誤以為散文就是古文，我說不是。整個中國文學的定義與西方不同，古代中國文體眾多，書、記、論、說、題跋、墓志，在中國文學史均有重要意義；筆記的概念，更難譯成英文。比如《東坡志林》，難以現代文學概念來界定。以西洋既有的文類來檢查中國已有的文學傳統，這一思路顯然是有不足的。

鸚鵡救火

因此，我更強調中國學者做學問的方式、寫文章的體例。在中國古代，學術論著也是文章，具備審美性質，即使清代章學誠的《文史通義》，或者魯迅的《中國小說史略》，既是學問，文章也非常漂亮。我希望自己有三枝筆，專業論文之外，有散文隨筆，然後介於莊重論文與瀟灑隨筆之間，也寫一些既可讀、又有學術分量的文章，例如，我有一些談論教育、學術制度看法的文章。

我承認，今天東、西方政治經濟不平等，導致文化交往中的不平等。但交流依然存在，我承認落差，關鍵是保留自己立場，扎穩自己根基。

胡適辦《努力周報》、《新月》、《獨立評論》等，引「鸚鵡救火」以述志。鸚鵡翅膀沾水救火，力量微弱，可還是不肯放棄，這是一種意志、一種情懷。另外還涉及一種政治理念，無論正邪的「大火」，都無法徹底解決社會問題。胡適知道，不是「燒了一個舊世界，就會出現一個新世界」。談論社會人生時，胡適或許不如魯迅深刻。而且，批評者的言論，對後世更有感召力，因為所有人都對現實不滿。但胡適和純粹的思想家不同，他還是建設者，力求介入當下。當他面對實際問題時，最大的困惑和挑戰是，如何一面考慮到現實，一面仍不斷往前走。他與章太炎、魯迅，是晚清到五四時代我最欣賞的人物。

回到哪裏？

延續五四以來的文化走向及挑戰，九十年代大陸有另一波文化策略，即大談復興國學。對此，我持保留態度，原因是「國學」這一概念先天不足，後天失調。在許多人眼中，國學與西學相對立，是「純粹」的中國文化。但中國文化本來就不純粹，魏晉、明代都有外來文化融入。

這十年，我做學術史研究，觸摸、理解這一世紀中國學術走過來的歷程，已不太能接受「復興國學」這樣的概念，因為即使對這一世紀的反傳統有強烈的批判，中國人也不可能回到

上一世紀，回到五四新文化運動之前的中國文化。況且，五十年代以後大陸已無國學課程可言。國學中最重要的經學，分散在哲學、歷史、語言、古文獻等課程中教授。因此，別說發展，繼承國學都有問題，還得先把國學這個血脈找回來，不「繼往」，如何「開來」？

不能忽略中國這百年走過來的艱辛歷程。這百年，值得反省的東西太多了，一筆抹殺不是好辦法。我不主張回到國學傳統，更反對以國學對抗西學，乃至完全漠視西方。當然，這牽涉到專業研究領域的差別，需要仔細分梳。但即使做中國古史研究，學術的國界也逐漸被跨越。過分固守其實有困難，真作論文，無人可以擺脫清代之後引進的那一套學術思維及表述方式。

極端保守或極端激進的人，都極力嘲諷西方的文化霸權。反霸權，這沒錯，問題是我們要回到哪裏？難道只是在學校裏補充大量琴棋書畫詩文歌賦？對電腦專家、物理學者或工程技術人員怎麼辦？這樣的知識結構，在傳統中國文化中是不能想像的。因為，過去是培養有教養的士大夫，而非專業人員。今天學科發展那樣繁密，不可能一夜之間回到傳統書院、舊學模式，也不應該改變所有結構，只有採取若干補救措施。近年北京大學考慮到理科學生語言及文化修養太差，恢復教授大一國文，這也是意識到現代學術分科產生的問題。

不擺姿態

文學史是我最早入門之處，是我學術上的根據地，但這幾年，由文學史擴及學術史、教育史。最近特別嘗試清理傳統書院與現代教育的問題。晚清接受西方教育制度，理由是傳統書院難以培養科學人才，因此，需要推行新式教育以富國強兵。當時，一種聲音是保留舊學推廣新學，一種聲音是完全取消舊學，全部改成康梁想像中的西式學堂。到了三、四十年代，中國只剩少數書院，如章太炎的國學講習會、唐文治的無錫國學專修學校、梁漱溟的勉仁書院等。馬一浮辦復性書院，還主張學生不應該為學位讀書，而且追問：你看過程朱陸王給弟子發學位文憑嗎？

五十年代以降，帝國主義被趕跑了，私人資本被沒收了，沒有私人書院、學校，教育「統一」在國家政策之下。我認為，思想的一統化根源於教育的一體化，所謂文化多元要由教育多元開始。我之所以嘗試清理中國的教育史，其實蘊含著某種文化理念。我當然意識到教育制度不可能回到私塾，但想看看傳統教育精神可以在現代化中如何發揮作用。我對傳統中國的借鑑，是文化及精神的，而非具體的治國方略或救世靈丹。從文學史、學術史、教育史三者的互動中，思考中國文化的得失與走向，而不僅限於具體的體例、著述、學科、姿態。

作為研究策略，我認同直接面對中國問題，但不願封閉與西方的接觸。不過，只給西方理論作腳注，在搬運西方理論中博得滿堂彩，我也沒興趣。當然，也不願穿長袍馬褂，擺出一

副「繼絕學」的文化姿態,若真對中國學術、文化有情感、善
體貼、能認同,不在乎外在姿態。

　　我雖不願將學術追求化成某種姿態,但我自己的趣味與此
一文化傳統貼得太近了,雖有許多不滿,仍然必須承擔,與
「愛國主義」等大題目無關。這樣的精神生活我喜歡,這是個
人選擇。文化人可以選擇最適合自己的方式,關鍵是必須能夠
進入某種境界,但若要說對中國文化有建設意義,我認為,志
於道,遊於藝,值得宣揚。在做學問的生活中能夠得到樂趣,
學問和生活融為一體,自然而然就會開出效果。

年長一輩應為後來者搭建舞台
——答新華社記者任沁沁問

新華社：五四已經過去九十六年了，我們每年都在紀念五四，為什麼？五四對今天中國有什麼影響？

陳平原：「五四」無疑是幸運的——在當事人的不斷追憶中，竟然如此迅速地經典化了。1919 年 5 月，運動還在進行中，北大教授及學生就在南北報刊上發表總結性文章，為「五四運動」命名，且大力表彰「五四精神」，如顧孟餘的〈一九一九年五月四日北京學生之示威活動與國民之精神的潮流〉、羅家倫〈「五四運動」的意義〉、張東蓀〈「五四」精神之縱的持久性與橫的擴張性〉等。第二年起，每年「五四」前後，北京學界及媒體都會組織專門的紀念文章。而從 1939 年陝甘寧邊區將「五四」確定為「青年節」，到中國共產黨掌握政權後，將紀念「五四」上升為一種政府行為，每年的慶典儀式及領導講話，甚至體現了某種「政策導向」。我曾借助 1949 至 1999 年間《人民日報》每年

*　　本文初刊於《新華每日電訊》2015 年 5 月 4 日，原題〈陳平原：年長一輩應為後來者搭建舞台〉，又見新華網 2015 年 5 月 3 日，題為〈變革時代呼喚理想主義和求索精神——對話陳平原〉。

發表的「五四」社論，看史學論述如何與波詭雲譎的政治風雲糾合在一起，構成了一道隱含豐富政治內涵的文化景觀。[1]

但是，連續不斷的大規模紀念，也會造成某種審美疲勞乃至逆反心理。作為人文學者，我不希望原本生氣淋漓的「五四」，最終被簡化成一句激動人心、簡明扼要的口號。我之撰寫《觸摸歷史與進入五四》，目的是讓「五四」的圖景在年輕人的頭腦裏變得「鮮活」起來。在此書英譯本序中，我說了這麼一句話：回過頭來看，二十世紀中國，就思想文化而言，最值得與其進行持續認真對話的，還是「五四」。

新華社：中國大學和國家民族的命運之間，有什麼關聯？當今大學，應該從五四時期的北大身上，傳承什麼？

陳平原：幾乎從一開始，北京大學師生就主動認領了這份光榮，即便是國民黨當局強力壓制下，也都每年舉行紀念活動。可以這麼說，「五四」確實是北京大學的「精神烙印」。一代代北大青年學生，不管做得到做不到，都會高舉五四的旗幟。可另一方面，這一論述略有偏頗——即便局限在5月4日走上街頭抗議巴黎和會的山東問題決議及政府外交政策的三千大學生，也都是來自不同學校；北大學生是整個學潮的積極推動者，但不能獨佔這份榮耀。

對於一所大學來說，能在如此重要的歷史轉折關頭，深刻影響其進程及方向，這可是千載難逢的。如此機遇，豈是多少

---

1 參見陳平原：〈波詭雲譎的追憶、闡釋與重構——解讀「五四」言說史〉，《讀書》，第9期（2009）。

科研項目或諾貝爾獎得主所能比擬的。正是在此意義上，北大百年校慶期間，我說過一句很有名的「大話」：「北京大學在人類文明史上的貢獻，超過世界上很多一流大學。」很可惜，這樣的機會此後再也沒有出現，以致百年後的今天，北大人依舊只能訴說「五四」的光榮與夢想。

我承認，目前中國大學的教學及科研水平無法與世界一流大學比肩；但我反對因排名靠後而喪失自尊與自信。在我看來，大學不僅生產知識、培養學生、出科研成果及學術大師，還應該有批判精神與思想力量，能夠主動介入當下中國的社會變革。幾年前我曾撰文，抱怨「改革開放三十多年，若講獨立性與自信心，中國學界不但沒有進步，還在倒退」。[2] 自然科學我不懂，中國的人文及社會科學界之所以變得日漸保守，缺乏思想性與衝擊力，其中一個重要原因是，現有的評價體系注重積累，強調「接軌」，越來越講究規矩與數字，排斥「叛逆」、「野狐禪」與「胡思亂想」。這裏不說「求是」與「致用」之爭，單從專業角度著眼，完全「躲進小樓成一統」，對於人文學者來說，也都不是理想狀態。

新華社：您認為那一代青年，他們引領一個民族走上現代化道路，也為民族發展提供了新的精神元素。而當代青年面臨的時代條件與五四時有何不同？當代青年如何承繼五四精神，超越自身的不足？

2　陳平原：〈如何建立中國大學的獨立與自信〉，《中國青年報》，2012年5月16日。

陳平原：學界論及五四運動，多從蔡元培、陳獨秀、李大釗、胡適、錢玄同、劉半農、周氏兄弟等名教授說起；這自然沒錯，可有一點不能忘記：這是一個標榜「新青年」的運動，大學生的作用不可低估。幾年前，我在〈年輕的「五四」〉中談及：「當今中國學界正處在一個轉型期，需要我們打起精神，豎起脊梁，與『五四』展開認真深入的對話。在這方面，我們需要推崇教授們的『鐵肩擔道義，妙手著文章』，更需要呼喚大學生的理想主義及求索精神。」[3]

毫無疑問，今天青年所面臨的處境，與五四時期有很大的差異，無論褒貶抑揚，均不能生搬硬套。還是從「五四」說起──名為學生運動，指引方向並提供思想原動力的依舊是「導師」。可隨著時間的推移，學生一代逐漸成長，在長輩搭建的舞台上縱橫馳騁，最終成就了自己的一番事業，甚至在許多方面超越了師長一輩（無論政治、學術還是文學創作）。說這句話，有兩層意思：第一，不該用眼下正在學校念書或剛剛走出校門時的表現來評價一代青年的得失，借用毛澤東的詩句，「風物長宜放眼量」；第二，年長的一輩應追問自己是否為後來者搭建了更好的舞台，而不是抱怨「一代不如一代」。

新華社：恩格斯說，青年的性格就是時代的性格。大變革時代，社會流行價值和主導價值似乎發生了一些偏差，實利戰勝了理想。我們應該回歸傳統，還是面向未來？

3　陳平原：〈年輕的「五四」〉，《人民日報》，2009 年 5 月 4 日

陳平原：一代人有一代人的舞台、責任與命運，有時強求不得。生活在風雲突變的時代，青年因其敏感與膽略，容易脫穎而出；而太平年代的青年，一切按部就班，施展才華的時間相對推後，表演空間也明顯縮小。這是沒有辦法的事。五四時期的英雄，放在另一個時代，很可能「出師未捷身先死」。長期研究「五四」新文化，且經歷過上世紀八十年代思想潮流的激盪，我對當下青年的世俗化傾向有深刻的體會。但另一方面，我對此並無苛責。對於今天中國的大學生不再「仰望星空」的說法，我不太認同；以我在北大教書的經驗，青年學生依舊是最具理想性的群體，只不過社會並沒有提供合適的宣洩激情、表現責任感與想像力的機緣。

談論今天中國的大學生，之所以有那麼多負面印象，與傳播媒介與發言姿態有很大關係。任何時代，先知先覺、精英分子、高屋建瓴、獻身精神，全都只能屬於少數人。我們閱讀歷史文獻，得到的是那些有能力發出聲音且經得起時間淘洗的人物；而在高等教育大眾化的時代，全民借助網絡發聲，各種奇葩說法層出不窮。若你以為網絡上的言論便代表主流民意或中國未來，那你就大錯特錯了。

借用魯迅「中國的脊梁」的比喻，今日中國，依舊「有埋頭苦幹的人，有拚命硬幹的人，有為民請命的人，有捨身求法的人」（〈中國人失掉自信力了嗎〉）——這裏包括無數可敬可愛、「位卑未敢忘憂國」的青年。長輩或執政者的首要任務是，讓遮天蔽日的浮雲，「也往往掩不住他們的光耀」，而不是一味指責與抱怨。

新文化運動是一個播種的時代

——答《鳳凰週刊》記者徐偉問

　　一百年前的新文化運動，是由一本雜誌及其主創人員引領的，那是一個報刊尚為新生事物的時代，也是一個民智未開等待啟蒙的時代。《新青年》的創刊，既順應時勢潮流，也為潮流推波助瀾，它成為文學、禮教、宗教、倫理、婚姻、貞潔、戲劇等，一系列文化議題的主導者與參與者。通過設置議題、激發討論、傳播常識，開啟了一場震鑠古今的文化啟蒙運動。

　　在清末民初的報刊熱潮中，《新青年》為何能一枝獨秀，成為潮流的引領者，受到智力、主張、文本、策略等多方面因素的影響。著名學者、北京大學中文系陳平原教授在新著《「新文化」的崛起與流播》中，將《新青年》置於報刊大潮中進行考察，從大眾傳媒的視角，分析文化的生產機制與傳播方式，將人們的視野拉回現場，對於《新青年》和新文化運動的解讀，得以更接近歷史的真實面目。

---

*　　本文初刊於《鳳凰週刊》，第28期，2015年10月5日，原題〈陳平原：新文化運動是一個播種的時代〉。

「新文化運動」由何而來？

記者：今年 (2015)，學界隆重紀念新文化運動一百周年，但對新文化運動是否應該以 1915 年《青年雜誌》創刊為起點，似乎仍存爭議，您如何看待？

陳平原：關於新文化運動的起點如何界定，取決於論述者的理論預設和學術視野。歷史事件和運動趨勢是兩回事，要認定某個歷史事件的發生時間，比如《青年雜誌》創刊或陳獨秀擔任北大文科學長，那很容易，因這個時間點是明確的；但像新文化運動這樣具有趨勢性的社會思潮，對其如何起承轉合，需要視談論的內容和解釋的方向而定。

比如，談五四運動和新文化運動是不一樣的，前者偏重於政治抗爭，論述者會強調其從思想啟蒙到文學革命再到政治抗爭的全過程。而談新文化運動，一般會從 1915 年《青年雜誌》（《新青年》前身）創刊或者 1917 年白話文運動興起算起。

不過，我個人的學術立場會和很多學者不一樣，在《觸摸歷史與進入五四》的導言中，我曾強調晚清與五四兩代人的合力，共同促成了新文化運動的成功。從戊戌變法到 1920 年代中期，思想的、語言的、文體的、媒介的、教育的一系列變革，構成了我們今天所說的新文化運動。啟蒙思想家有意識地借助大眾傳媒來改變中國，是戊戌維新開始的。當然，在此之前已有報刊出現，如王韜在香港辦《循環日報》等，但那時還沒有形成大的思潮。

記者：「新文化運動」作為一個概念被提出，據可查文獻，最早是什麼時候？

陳平原：我沒有做過全面檢索，不能確認誰最早使用「新文化運動」這個詞。但是，我們可以看到，1920年陳獨秀在《新青年》上發表〈新文化運動是什麼？〉，專門談這個問題。此時，「新文化運動」這個詞已經很流行了，陳獨秀只是贊成而已。五個月後，胡適發表公開演講，乾脆拒絕自己從事的就是「新文化運動」。魯迅也曾在《熱風‧題記》中提及，「新文化運動」這個詞是外人給取的，最初甚至不無嘲諷的意味。只是新思潮的力量越來越大，這個詞逐漸普及，最後連胡適本人也都接受了。因此，即便我們把二十世紀最初二十年的報刊全部檢索一遍，尋出誰最早使用這個詞，也都意義不大。關鍵是辨析這個詞的具體內涵，以及推動這個詞流通開來背後的力量。

大眾傳媒視角裏的《新青年》

記者：您在新著《「新文化」的崛起與流播》中，將《新青年》放在清末民初的報刊大潮中討論，特別強調其「大眾傳媒」的性質，選擇這樣的視角用意是什麼？

陳平原：今人談論《新青年》的時候，容易走向神聖化和污名化兩個極端。在我看來，必須將它還原為一本雜誌，才能對其準確定位，明白其文章的特點和用意，並對其不足予以同情之理解。

包括陳獨秀在內，幾乎所有主要作者，在介入《新青年》事業之前，都曾參與報刊這一新生的文化事業，並多有歷練。如陳獨秀辦《安徽俗話報》、蔡元培辦《警鐘日報》、吳稚暉辦《新世界》、章士釗辦《甲寅》、錢玄同辦《教育今語雜誌》、李大釗編《言治》、周氏兄弟為《河南》、《浙江潮》、《女子世界》撰稿並積極籌備《新生》雜誌。《新青年》的作者群及編輯思路，與《清議報》、《新民叢報》、《民報》、《甲寅》等清末民初著名報刊，有著千絲萬縷的聯繫。故而，我們今天重新評估《新青年》，首先必須將其還原為一本報刊。

清末民初迅速崛起的報刊，已經大致形成商業報刊、機關刊物、同人雜誌三足鼎立的局面，而《新青年》正是同人雜誌的最傑出代表。以北大教授為主體的《新青年》同人，是一個有共同理想，但又傾向於自由表述的鬆散團體，他們藉報刊為媒介，集合同道，形成某種「以雜誌為中心」的知識群體。後來，「同人雜誌」已超越一般意義的大眾傳媒，兼及社會團體的動員與組織功能。世人心中的「《新青年》同人」，已經不僅僅是某一雜誌的作者群，而是帶有明顯政治傾向的文化團體。

記者：在當時的報刊潮中，《新青年》能脫穎而出並引領新文化運動的關鍵原因是什麼？

陳平原：在清末許多早期啟蒙者的論述中，我們已經能找到民主思想的萌芽，但是，出現思想萌芽與形成一種文化思潮，不是一回事。新文化運動並非某一個人的奇思妙想，或偶然出現

的一篇好文章，它包括旗幟的高揚、同道的呼應、社會的接納、讀者的追隨，這些合在一起才能夠構成所謂「運動」。

《新青年》之所以能在眾多雜誌中脫穎而出，關鍵在於和北京大學結盟。《新青年》影響最大的時期，是中間的第三卷到第七卷，那時候，絕大部分稿件出自北大師生之手。最開始的兩卷雖也有一定影響，但它之所以能風靡全國知識界，很大程度上是因其與北大結盟。在結盟前，其作者群主要是陳獨秀的《甲寅》舊友，結盟後則基本上是北大師友；結盟前，其發行陷入危機，結盟後發行量陡增到 1.5 萬份，除了社會影響巨大，本身還可以盈利。到第四卷之後，甚至對外宣稱「不另購稿」，也就是說，對於世界、對於時事、對於文學革命或思想啟蒙等各方面議題，其同人作者群都能完成。與北大結盟後，《新青年》的整個學術影響力和思想洞察力，得到迅速提升。所以說，陳獨秀的北上是關鍵一步。

記者：與一般的時評雜誌相比，《新青年》有何突出特點？其所發起和主導的白話文運動、孔教、禮教、戲劇、婚姻等問題討論，都是當時急迫的社會熱點問題，這些議題產生的背景是怎樣的？

陳平原：《新青年》的突出特點，在於它比別的時評雜誌更有學問，但雜誌本身又是直面當下的。當時所有重要的社會議題，《新青年》都有所涉及，他們把學理和大眾需求很好地結合在一起。

　　讀書人參與時代議題，可通過演講、著述、教書或與大眾傳媒結合等形式。陳獨秀曾說過，他辦雜誌有兩個特點，第一，「有一種主張不得不發表」，第二，「有一定的個人或團體負責任」。前者凸顯同人雜誌的精神，後者則指向同人雜誌的形式。既要有學問，又要願意跟公眾對話。當時社會上出現的稱帝問題、婦女問題、孔教問題等，都是沿著這個思路被提出來加以探討的。

　　我所強調的，要從雜誌的角度來理解《新青年》，還包括理解其表述的「極端」與「過激」。不是今天，當時就有人批評《新青年》「好罵人」、「說話太極端」。實際上，《新青年》同人自己也意識到了這個問題。不過，如果我們從雜誌經營的角度考慮，就會明白這正是大眾傳媒的特點。雜誌不是結構嚴謹、論證充分的著作，也沒希望「藏諸名山，傳之後世」，而是要每時每刻都面對公眾，回應當下的熱點問題。而大眾傳媒要想吸引盡可能多的讀者，誇張的語調、雜文的筆法，乃至「挑戰權威」與「過激之詞」等，都是必不可少的辦刊策略。當時的情形，一是國勢危急，時不我待；二是大家都還沒掌握好大眾傳媒的特點，說話容易過火。至於《新青年》迅速崛起，不可避免地對他人造成壓迫，打破了原有的平衡，對其「壟斷輿論」的批評，需做具體分析。

記者：從當時的銷量來看，《新青年》並不是銷量最大的媒體，魯迅小說的發行量甚至不如張恨水的小說，但為何《新青年》會成為新文化運動的主陣地？其主要撰稿人會成為運動領袖？

陳平原：談論文學史或思想史上的影響力，不能單純從銷量來判斷。在我看來，有兩種讀者，一種是一般讀者，其購買和閱讀，乃純粹的文學消費；另一種則是理想讀者，他們不只是閱讀，還批評、傳播、模仿、再創造。當年張恨水的讀者確實比魯迅多，但這只是短時間內。因為，他們的讀者素質是不一樣的，魯迅的讀者有評論、傳播以及模仿寫作的能力，而張的讀者只是將其當消遣讀物。

另外，魯迅等人的小說和散文，發表兩三年後就可能進入了中小學教材，或被選入各種選本，很快形成巨大的影響力。張恨水的小說從來沒有進入中小學教材，差別就在這。談影響力，不能只看圖書銷量，必須把教育考慮在內。除了中小學教材，大學裏的課堂講授，集體住宿制度，還有社團活動等因素，都使得同樣一本書，賣給一般市民與賣給大學生，傳播的廣度與速度是不同的。因此，我才會特別強調《禮拜六》和《新青年》的讀者構成不同，直接影響其傳播效果。

也談新文化人的學養問題

記者：過去，我們一直認為新文化運動的兩個旗幟是「民主」與「科學」，但學者秦暉提出，新文化運動領袖們真正談民主共和、憲政法治的很少，更多的是談個人的獨立自由和思想解放，這與他們主要是留日有關，在學養方面可能存在不足，您如何看待？

陳平原：其實，應該這麼提問，為什麼那時的讀者對憲政法治之類的話題不太感興趣，而更關心個人的獨立與自由？某種程度上，主要不是作者的學養，而是讀者的趣味和接受能力決定了雜誌的編輯方向。我們不能用今天專家的眼光來苛求當時的作者與編輯。其實，這些問題都有人談過，但不受關注；而沒有進一步的追問，也就難得深入展開。雖然陳獨秀說過，辦刊必須「有一種主張不得不發表」，但雜誌多少還是受制於讀者的能力和趣味，當主編的，會根據讀者反饋不斷調整議題和編輯策略。

此外，五四新文化人和1930年代以後的讀書人最大的區別，是他們不夠「專業化」，其趣味接近於百科全書派，什麼都知道，什麼都感興趣，什麼都想學，但不是某一個特定領域的專家。專業化是1930年代以後的大趨勢，如果用專門家的標準來評價晚清和五四兩代學人，那會不準確的。那個時候的讀書人，飢不擇食地吸收各種知識，他們讀書不是為了拿學位，撰稿也不是在做博士論文，學到了新知，趕緊用它來改造中國。如此學以致用，不免急功近利，讀歪了，或解偏了，那是很正常的事。

至於說整個作者群的知識結構是什麼樣子，可以這麼說，我們今天的學者，學養大都不如晚清及五四的新文化人。我們確實受過很好的學術訓練，但只知道自己專業領域的那一點東西，只能做一些專家之學；專業以外，若需發言，往往捉襟現肘。某種意義上，五四新文化人是開疆闢土的一代，而我們基本上是守成，做些局部的調整或反撥，意義是不一樣的。

　　另外，我們必須明白當時讀者的水平，他們需要什麼樣的東西，這才是我們理解雜誌的關鍵。雜誌編輯乃作者和公眾之間的一座橋梁，作者立意太高，那就壓一壓；讀者水平太低，那就提一提。為什麼《新青年》談法治、談憲政的文章很少，因這類話題當時不太受關注；為什麼談婚姻、談貞潔能引起全民大討論，因那是廣大讀者的切身體會。成功的雜誌，毫無例外的，作者和讀者必須不斷地相互調試。

記者： 可見，新文化運動之所以能興起，與其注重與大眾的結合互動，並在語言和文本上進行改革有莫大關係，而此前維新派的思想萌芽，還是停留在知識精英階層，未能形成大的社會思潮。

陳平原： 形成思潮是有條件的，不只是見解高低的問題。某一個時期，若大家都在關注某個話題，那必定是有原因的，不會是偶然的。有一些話題，確實是主編預先設計的，但操縱得動操縱不動，除了主編及作者自身的才華，還牽涉讀者的接受能力。

　　一百多年後，我們回頭看晚清及五四的報刊，還會有新鮮感。因為，那時的新文化人，幾乎把每個有趣的話題都提出來了，但每個問題都沒說透，遍地開花，卻很難結果。必須等後來者追上來，在遍地野花中選擇一朵，摘下來，插在頭上，再繼續往前走。所以，新文化運動是一個播種的時代，不是一個收穫的時代，不應該用今天「典藏」的標準來衡量當時的作品。

他們播下那麼多種子，良莠不齊，過了三四十年甚至一兩百年，我們不斷跟他們對話，調整自己的方向與步伐，真正收穫的，應該是聰明且勤奮的後來者。

記者：一百年後的今天，我們來回顧和紀念這本雜誌和這場運動，其主要價值和意義是什麼？對當下中國的學人有何啟示？

陳平原：談新文化運動那代人的姿態，會讓今天的讀書人感到慚愧。那代人的意志與激情，立場與胸襟，以及學養與情懷，都是今天的讀書人所缺乏的。如何選擇一個獨立思考的位置，獲得一個自由辯論的平台，回到堅持自家理念而又能夠充分表達的理想狀態，對於今天中國的讀書人來說，還是頗為奢侈的。

今天中國的讀書人，不太敢像五四新文化人那樣，非常直率、表裏如一地表達自己的思考、困惑和追求。有領導在場和沒領導在場說話不一樣，人前和人後說話不一樣，在媒體上發言，在課堂上講話和在朋友圈中聊天也不一樣。回過頭來看，你會覺得五四那代人挺可愛的，他們的見解不見得高深，但文章讀起來會有一種心曠神怡的感覺。誰都明白，說得到的不見得就能做得到，但敢於直截了當地說出自己相信的觀點，還是很令人羨慕的。我們今天缺的，或許就是這個東西。

整個二十世紀都是五四的時代

——答《東方歷史評論》許知遠、莊秋水問

以反傳統著稱的五四新文化運動，曾以一種「以整體批判整體」的反傳統姿態睥睨百年，成為一代代人精神成長史上必不可少的對話目標。在標籤化評價漸漸褪去之時，這場運動複雜的歷史面相漸漸顯現。

新文化運動歷來被強調新的一面，但它是有歷史有淵源的新。如果以代際分析的角度，這場思想震盪其來有自，其醞釀、發端、大成、餘波、影響，綿延數代知識人。1917年胡適先生提倡「文學革命」，以圖再造中國文明。時值百年，《東方歷史評論》訪問陳平原教授，他將梳理數代知識人和五四新文化的關係，清理新文化運動的內在理路。

「在我們的想像中，1978年就是1919年」

東方歷史評論：您第一次比較清晰地對「五四新文化運動」發生興趣是在什麼時候？那個時候為什麼會產生這樣的興趣？

---

*　　本文初刊於「東方歷史評論」公眾號，2017年5月3日；收入李禮編：《覺醒的年代：1919年前後的中國》(太原：山西人民出版社，2021)，頁35。

陳平原：我是77級大學生，77級的特點是一進學校就碰上了思想解放運動。1978年，很多名校中文系學生，在各自校園裏創辦文學雜誌，那時候，很容易把自己置身於「五四」的語境裏面。在我們的想像中，1978年就是1919年，都是思想解放，都講民主、科學、自由。那時我在中山大學念書，中大的學生刊物叫《紅豆》。另外，還有十幾所大學的大學生合辦《這一代》，不過創刊號還沒出爐，就被查禁了，只有少數搶救出來的殘本在流傳。各地的學生刊物，1979年底就都被叫停了，辦了不到兩年。《紅豆》總共出了七期，算是多的。各地學生不一樣，但我相信，只要辦刊物，就都自覺不自覺地把自己放置在「新文化運動」的語境中。

回頭看這些雜誌，還是滿感慨的。同樣是學生刊物，1978年比不上1919年。拿中大的《紅豆》、北大的《早晨》，來跟1919年北大中文系學生為主創辦的《新潮》、《國故》和《國民》對比，差距很明顯。《國故》守舊，《新潮》趨新，《國民》則從事實際政治，借用俞平伯的詩句：「一班同學化為三」。同一年級的北大中文系學生，因政治立場和文化取向不一樣，分別編輯這三個五四時期很有影響的雜誌。雖然我們都知道，《新潮》背後有胡適等，《國故》背後有劉師培等，《國民》背後也有李大釗等，但不管怎麼說，當初這些學生刊物的水平，都遠遠超過1978年的我們。也正因為如此，77、78、79級的大學生普遍對五四運動或五四新文化很有好感，常常會把自己置放在那個語境裏面來思考問題，包括追溯歷史、表彰先進、反省自己等。

後來我念研究生，學的是中國現代文學專業。1982年，我寫的第一篇學術論文，題目就是〈論白話文運動〉。可以這麼說，打從學術起步，我就一直關注五四新文化運動。如果說有特別的地方，那就是我寫博士論文〈中國小說敘事模式的轉變〉時，第一次把晚清和五四放在一起來討論。在此之前，五四屬於現代文學，而晚清則歸入近代文學，是放在古典文學教研室的。我的博士論文把1898到1927這三十年作為一個特定時段來論述，雖然晚清一代和五四一代的知識結構和政治立場有差異，但這兩代人共同完成了艱巨的歷史轉型——中國文學從古典到現代的過渡。

東方歷史評論：回到1979年，您把當時的你們自比為「五四」的延續嗎？你們對他們的理解從哪些材料來？比如當時能看到《新潮》雜誌嗎？能看到的材料又是從哪裏來？

陳平原：應該說，77、78級大學生當時並沒有那麼好的學養，我們能看到《新青年》，並沒有讀《新潮》，更不會考慮《國故》、《國民》等。當時只是馳想，自己似乎是回到那個風雲激盪的年代。之所以感覺很熟悉，那是因為，自1920年開始，北大師生就不斷地、年復一年地紀念「五四」。某種意義上，「五四」是一個說出來的「故事」。

一個歷史事件之所以能「苟日新，日日新」，不斷影響當下，必須靠不斷的陳述以及富有創意的闡釋。這裏面包含不同政治力量之間的角逐，不純粹是文化人的事。比如，關於

五四的傳統，最初只是北大師生在說，後來國共兩黨紛爭，國民黨拋棄了，而共產黨則將其發揚光大。1928年國民政府定都南京後，為了鞏固政權，穩定社會，曾以中宣部的名義發布指令，說共產黨擅長鬧學潮，要特別警惕那些紀念「五四」的集會。

也就是說，從1928年以後，國民黨在把握政策導向時，主動放棄了五四論述，而這是一個非常大的失誤。共產黨接過了五四的旗幟，自1939年陝甘寧邊區將其設定為青年節，而後每年都舉行紀念活動，五年一小慶，十年一大慶。所以，到我這一代人，開始念書的時候，不管學什麼專業，都知道五四的基本立場及大概故事。儘管這是一個簡化版的、不無偏見的敘述，但畢竟使得很多青年學生十分熟悉甚至認同五四的立場。

東方歷史評論：對您那代人來講，1979年講「五四」的故事，核心是什麼？比如對您個人而言？

陳平原：關於五四運動的闡述，曾經深受毛澤東《新民主主義論》的影響，也就是大都圍繞反帝反封建來展開。就我的專業而言，「五四」故事的另一個闡述方向，是由十卷本《中國新文學大系》奠定的。今天廣為人知的「大系」，是五四那一代人自我經典化的傑作。「五四」已經過去二十年了，那一代先驅藉編輯《中國新文學大系》，總結自己當初的思想創造、文化建構與文學表達。因為這一代人太精彩了，都是我們敬仰的作

家、學者或思想家,因此,他們的自我闡釋對後世產生了巨大影響。可以這麼說,談及五四,我們的政治立場及文化趣味受《新民主主義論》影響,我們的文化想像和審美意識則受《中國新文學大系》制約。這兩個關鍵性文本,在很長時間裏左右了我們的整個五四論述。最近二十年,這一狀態才開始改變;只是接下來的路該怎麼走,分歧還是很大。

東方歷史評論:「新文化運動」和「五四運動」分開,包括文化革命、思想革命和政治革命之間的分離,這種過程對您來說是怎樣發生的呢?

陳平原:我關注五四,第一步當然是文學。1985年和錢理群、黃子平合撰《論20世紀中國文學》及「三人談」,再加上我的博士論文〈中國小説敘事模式的轉變〉,更多地考慮晚清和五四的對話。這個努力,起碼使得五四開天闢地的神話,受到了某種程度的質疑。其實,關於五四運動如何爆發,國共兩黨都有誤讀。國民黨之所以很長時間拒絕五四傳統,那是認定其與蘇俄思想傳播有密切關係。可回到五四的語境,各種新思潮風起雲湧,根本沒有定於一尊的可能性。作為政治抗議的五四運動,除了愛國、民主這些口號外,很難説有多少共同立場。我們都知道,共產黨當時還沒成立,國民黨的力量也還沒發展到北京,所以,那只是一群受時勢刺激的熱血青年,為了救亡圖存,挺身而出,確實受各種新思潮的影響,但蘇俄的聲音不佔主流地位。

　　上述這些，學界早有論述，我的工作重點在「五四闡釋史」。也就是說，在日後爭奪五四精神遺產的時候，國民黨為什麼失敗？起碼到目前為止，一般人都認為，五四傳統更接近共產黨的立場。這個「共識」很有意思，等於是幫助共產黨取得了理想性。因為，任何時代的年輕人，都是比較有激情，傾向於理想主義的。

　　1949年國民政府敗退台灣後，開始反省這個問題，知道自己失去了五四論述的主導權，很不應該。於是，1950年後，公開紀念五四，將其設定為「文藝節」。這樣就出現了一個有趣的現象，意識形態截然對立的海峽兩岸，都在紀念五四，一邊是思想啟蒙，一邊是文學藝術。相比之下，無論受眾規模還是思想境界，「文藝節」都不及「青年節」。海峽那邊，剝離了五四運動的政治、倫理、道德的內涵，只談文學藝術，這種論述方式，我以為是很不成功的。而海峽這邊，抓住了充滿理想與朝氣的年輕人，不管談啟蒙，說救亡，鬧革命，還是文化復興、思想解放等，都顯得「高端大氣」。這也是為什麼1978年，身處思想解放的風口，我們那一代青年學生會馬上擁抱「五四傳統」的緣故。

　　當然，進入九十年代以後，學界更多地談論特定歷史語境中「五四」本身的複雜性。這與八九十年代政治氛圍的變化有關。很多人重新闡釋晚清的改良主義思潮，對康梁的政治主張，以及對啟蒙立場的複雜性，多有洞察。另外一個變化，就是對五四運動的理解，也做了重大調整。我的《觸摸歷史與進入五四》之所以被接受，也與此思潮有關。我們逐漸走出口號

與儀式,從宏大敘事轉為精細描述,且落實到兩代人的生命體驗及政治實踐中。

這些年,除了專業論述,我不斷思考一個話題:時過境遷,五四的意義到底何在?在去年發表的〈作為一種思想操練的「五四」〉中,我談到五四有很多問題,今天要挑五四的毛病,那實在太容易了,包括新文化人的偏激、天真、思想單純、學養不足等,很多口號都沒有經過深思熟慮,且多「望文生義」、「一知半解」。但請記得,那是一批識大體、做大事的人物,比起今天很多在書齋裏條分縷析、口沫橫飛的批評家,要高明很多。從書齋或學問的角度來評論五四新文化人,我以為是不得體的。說這些,是因為我對近二十年中國思想界的日趨保守,很不以為然。逐漸加溫的國學熱,以及誇張變形的民粹主義,二者相互激盪,使得國人對於歷史的反省以及現狀的批評,變得十分艱難。

東方歷史評論:剛剛您提到過去十年很明顯的一個保守的傾向,這個跟辛亥革命之後一直到新文化運動那段時間的保守風潮有相似之處嗎?

陳平原:不好直接這麼表達。但有一些相似點,比如提倡孔教。五四新文化人最直接的一個批判對象,就是當年建立孔學會的陳煥章,他是康有為的學生。陳煥章建立孔教會,希望把它作為國教,這個舉動直接導致了《新青年》同人對儒家作為一種意識形態的反省和批判。最近若干年,確有不少儒

學家希望走出書齋，由「內聖」轉為「外王」，我以為這是危險的信號。

東方歷史評論：政治儒家之類。

陳平原：我對作為學問以及重要思想資源的儒家充滿敬意，但對作為意識形態的儒學始終保持高度警惕。在當下中國，為尋求文化主體性而獨尊儒學，甚至大力表彰陳腐的「二十四孝」，我認為是很不明智的。至於由此而拋棄五四傳統，很容易走向自我封閉。回顧晚清以降一百多年的歷史，兩種情況下，容易催生極端民族主義：第一，國難當頭，團結一心，全民抗戰，為了提獎士氣，不准再說老祖宗的壞話；第二，國家強盛，大家都自信滿滿，身處此「輝煌時刻」，自然容不得半點質疑、批評與挑剌。這兩種極端狀態，都曾出現過。在我看來，「自信」必須有「自省」相伴隨，方不至於出現大的偏差。目前的狀態是，國人對於「國學」乃至「儒家」的論述，頗有無限拔高的趨勢，而且，容不得異議。無論政府還是民間，更願意聽到的，都是中華文明——尤其是儒家——如何「高大上」的論述。至於五四新文化人的批評與反省，如今已顯得「政治不正確」了。

東方歷史評論：需要一種批評意識。

陳平原：這正是「五四精神」的根本。在《諸子學略說》中，章太炎曾批評「儒家之病，在以富貴利祿為心」。不妨暫時擱置

這一極端說法，但如果說傳統儒家是以維護既定權威、穩定社會秩序，努力進入權力場為工作目標，這應該沒錯吧？而這與五四新文化人之推崇特立獨行，挑戰政治權威，強調自我批評，恰好形成鮮明的對照。我承認，風大了，豬也會飛；但我還是希望堅守讀書人的自信與立場，不盲從浩浩蕩蕩的大風與大勢。

兩代人合力開啟現代中國轉型

東方歷史評論：剛剛您說的「疑」和「信」特別有趣，「五四」普遍有「疑」的這種精神，那怎麼看康有為和章太炎他們這代人呢？他們的核心是什麼？

陳平原：其實，康有為、章太炎也是以「疑」開始的，只不過「疑」的方向以及理論資源不同而已。而且，可以這麼說，沒有一個思想家單憑「信」就能闖出一番新天地。

東方歷史評論：對，那他們是不是在某種更明顯的框架裏面，應該怎麼理解它呢？

陳平原：我的論述，始終把康、梁這一代人和五四這一代人放在一起談。一旦把1898到1927這三十年的舞台連接起來，你會發現，晚清與五四這兩代人的思維方式和文化立場是很接近的。你再仔細看看，無論知識結構還是個人修養，反而是陳獨秀、魯迅、胡適這些人和他們的學生輩不一樣。

東方歷史評論：五四一代和前兩代都不一樣。

陳平原：不對，我想說的是，五四的學生輩和前兩代不一樣。前兩代——具體說來是晚清及五四這兩代人，他們的成長背景、知識儲備，以及登上歷史舞台時的精神氛圍，都與他們的學生輩不一樣。這兩代人中，魯迅的精神氣質和章太炎很接近；你再看梁啟超與胡適，他們之間也有很多共同點，包括學術上開天闢地的氣魄，也包括那種建設者的立場，還有百科全書式的視野，以及將政治、學術和文學全都攬和在一起的能力。第三代以後就不同了，基本上走的都是專門家的路子。

「五四」一代與晚清一代最接近的地方，他們都是從舊學裏掙扎出來的。梁啟超也好，蔡元培也好，錢玄同也好，魯迅也好，他們的舊學痕跡都很明顯。五四時期，胡適經常說他很羨慕下一代人的「天足」，也就是說，從來沒有纏足，天生的大腳，必定是健於行。這裏用的是比喻，指向思想、學問、表達乃至個人氣質等。意思是，我們這一代人，屬於放大的小腳，走起路來難免歪歪扭扭的；下一代就大不一樣了，因從來沒有纏過足，思想上不受任何束縛，可以有開闊的天空，多麼幸福呀。百年後回望，我很懷疑這種基於進化論的樂觀主義情緒。反過來，我也特別欣賞晚清和五四那兩代人，他們的痛苦與掙扎，是實實在在的，而且成就了其思想的深刻、性格的狂放以及學問的駁雜。你會發現，上世紀三十年代以後登上舞台的，大都沒在舊學裏認真浸泡過，免去了那個掙扎和痛苦，不

一定是好事。我喜歡福澤諭吉的一句話：「一生而歷二世」。某種意義上，這也是一種幸運。

這就好像今天的大學生，比我們那一代人強多了，沒受過那麼多苦，也沒經歷過嚴酷的思想禁錮，一出生就備受寵愛，路走得很順。我曾問我的學生，有沒有過飢餓的感覺？沒有；有沒有過渴望讀書的經驗，也沒有。而我們這代人，對於生理上以及精神上的飢渴，是有刻骨銘心的感受的。一帆風順，既是一種幸運，也是一種不幸。所以，我特別看重晚清及五四那兩代人因「一生而歷二世」所導致的轉型的痛苦以及思想的複雜性。

二十年代以後上大學，或者說三十年代以後登上歷史舞台的，日後可以成為很好的學者、作家或政治人物。對於他們來說，政治就是政治，學問就是學問，文學就是文學，很少再像梁啟超、胡適那樣，把做人、做事、從政、治學，以及寫詩作文等，全都攪和在一起。身分多重，思想駁雜，時上時下，能雅能俗，加上經常意氣用事，這是那兩代人特別值得我們關注乃至羨慕的地方。

東方歷史評論：您剛剛講他們的相似性和延續性，那他們的主要分歧在哪兒？

陳平原：同樣得益於西學東漸，努力從傳統裏面掙扎出來，最終化繭成蝶，晚清那一代人的西學知識很有限，主要是從傳教士的譯著及介紹中得來的。

東方歷史評論：比如《萬國公報》一類的報刊上。

陳平原：對。在流亡海外之前，康梁等人雖積極提倡變法，但對西學的了解，其實是很淺的。五四那一代人，大體上都在國外待過，或留學，或遊學，對外部世界的了解，與基本在傳統裏面浸泡出來的不一樣。而對西學的了解和想像，制約著他們的文化立場與論述方向。康梁那一代，其主張變革，雖有西學的刺激，但主要的理論資源來自傳統。《新學偽經考》、《孔子改制考》，以及戊戌變法時期的諸多制度建設，從基本理念到論述方式，真的是「中學為體西學為用」。以傳統中國學問為主，比附一點西學，主要服務於改革訴求。相對來說，到了胡適這一代，對西學已有較好的了解。

三十年河東，三十年河西，到了胡適的學生輩，問題倒過來了，缺憾在於對傳統中國缺乏必要的溫情和理解。記得當年傅斯年在《新青年》上發表文章，談中國戲劇改革，豪氣萬丈地說：我最有資格談中國戲劇問題，因為我不懂；不懂即不受污染，能夠更好地接受西洋的drama。未受傳統「薰陶」或「污染」，就能更好地接受西學，這種盲目自信，百年後看很好笑。或許正因為缺乏真正的抵抗，接受西學的過程太順暢，對其複雜性領悟不足，限制了其思想深度。其實，傅斯年出國前在北大念書時，曾極為崇拜章太炎，還是打了很好的傳統根基的。後面的學生，越來越不屑於跟傳統對話，這才出現了一系列的偏差。

東方歷史評論：這兩代人哪代人內心更鎮定呢？他們都面臨著一個巨大的危機時代，但康梁一代在古典中浸淫的時間更長，他們的內心更穩定嗎？比起胡適和魯迅他們這一代人呢？

陳平原：應該說這兩代人心態都不穩定。

東方歷史評論：充滿了焦灼。

陳平原：對，可這正是他們可愛的地方。情緒不穩定，充滿焦灼感，「拔劍四顧心茫然」，這是過渡時代人物的共同特徵。後面的人跟上來了，自認為找到了真理，心情也就相對平靜很多。三十年代以後國共兩黨的追隨者，都自認為找到解決問題的唯一正確的辦法，因此信心百倍，拚命往前趕。晚清和五四那兩代人不是這樣的，他們固然「吶喊」，但更多的時候是「徬徨」。這種上下求索的姿態，很讓人感動。

東方歷史評論：這兩代人您個人情感上認同誰？

陳平原：十多年前我寫過〈中國現代學術之建立 —— 以章太炎、胡適之為中心〉，可以想像，我對這兩個人很有好感。

東方歷史評論：為什麼是章太炎呢？

陳平原：在晚清這一代，章太炎是最有思想深度的，也最值得關注。梁啟超思想敏銳，知識博雜，關注的面很廣，影響力也很大；但要說建立思想體系，遠不及章太炎。而且，章

太炎日後影響五四新文化中特別激進的那條線，比如魯迅、錢玄同。我們都知道，魯迅的精神氣質和思維方式很像章太炎。當然，這裏有一條線，往上追，明清兩代也有這一類特別叛逆的思想家。

東方歷史評論：李贄他們這些人。

陳平原：對。除了傳統資源，魯迅還有尼采等西方榜樣。

東方歷史評論：所謂的異端。

陳平原：談晚清及五四的批判精神，須關注中國傳統裏面的異端。某種意義上，正是借助佛道思想來批評佔主導地位的儒家，以及努力恢復先秦諸子學說，使得晚清的思想變革具有某種內發性，而不純粹是西學東漸的產物。這方面的代表，章太炎最合適，他雖也借用好些西學術語，但其重新激活傳統資源的努力，更值得關注。

東方歷史評論：那康有為更屬於哪個傳統呢？

陳平原：康有為我不喜歡。所謂「尚友古人」，除了歷史地位，更重精神氣質。我不喜歡康有為的獨斷、自大，以及強烈的權力欲望。

東方歷史評論：還有自我吹捧。

陳平原：對，包括編造衣帶詔等神話。我知道他在政治史、思想史上地位很高，但就是不喜歡。要說晚清人物，我喜歡梁啟超、章太炎，還有劉師培、王國維，另外，也很敬佩蔡元培、張元濟等性情溫和、中流砥柱般的人物。

東方歷史評論：您怎麼看嚴復呢？台灣學者黃克武認為嚴復和梁啟超帶有保守主義的啟蒙，是被遮蔽的。他認為如果是按照他們這個啟蒙路線，可能中國會非常平穩地過渡到現代社會。

陳平原：嚴復當然也是了不起的人物，尤其他的《天演論》等西學譯述對那個時代有巨大影響。但必須承認，嚴復的影響力，很大程度是被後世研究者逐漸發掘出來的。我們都承認，要說西學修養，嚴復遠在梁啟超之上，可那更接近書齋著述。梁啟超追求文章覺世，其著述風靡大江南北，那麼多人閱讀、傳播、思考、闡發，更能體現「過渡時代」大人物的特徵，因而更值得關注。

新文化的傳播機制

東方歷史評論：說到影響力的傳播，像余英時回憶五四時他在安徽的一個村莊裏，始終不知道新文化的影響。到底該怎麼評估五四新文化運動對整個中國社會的影響力呢？

陳平原：我讀過余英時先生關於「五四」的論述，今年去爬天柱山，離他家鄉很近，那個地方屬於山區，比較偏僻，新文化

進入較晚，完全可以理解。談論新文化的傳播，一定得考慮中國的幅員遼闊，以及政治、經濟、文化發展的不均衡。城市與鄉村、東南與西北，幾乎隔著一個時代。現在名滿天下的五四新文化，當初只是星星之火，要成燎原之勢，有很長的路要走。不是幾個北大教授登高一呼，馬上就能應者雲集、倒轉乾坤的。沒那回事。當年他們也曾很寂寞，要不怎麼會弄出個「王敬軒事件」，不就是為了吸引公眾的目光？

　　我曾有過論述，稱要評估新文化的影響力及流播路徑，必須把師範學校帶進來。為什麼？當初大學數量很少，師範學校就很高級的了。更何況，師範學校培養中小學老師，這可是很好的播種機。觀察五四時期的浙江一師、湖南一師、直隸女師等，校園裏就有很精彩的表現，學生畢業後奔赴南北，更是把新文化的種子帶到各個角落。請記得，對於文化傳播來說，中小學老師的閱讀是決定性的。他們言傳身教，可以影響一個時代的閱讀趣味。談論新文化如何進入鄉村，怎樣傳播開去，必須考慮這些不一定寫作的師範生。大學教授的編寫教材，以及師範學生的閱讀興趣，這兩者對於新文化的傳播，起決定性影響。談文化傳播，只看書刊的發行量，那是不夠的。掌握了中小學教材編寫的權力，五四新文化人的作品於是很快進入了國文課本，用這個方法來傳播，事半功倍。

東方歷史評論：新文化運動的雜誌也好，書籍也好，它們在印刷量同上海的鴛鴦蝴蝶派作品差別很大嗎？普通民眾一邊接觸

新文化的出版物，一方面又在大量閱讀像鴛鴦蝴蝶派這樣的文學作品，怎樣去理解這種現象？

陳平原：先說讀者問題。我將「讀者」分解為消費型與理想型兩種。消費型讀者，就是我把《禮拜六》等書刊買回家，當作休閒讀物看；而理想型讀者呢，不只自己閱讀，還推薦給別人，有進一步傳播的能力。多年前我回潮州開元寺，見好多老人圍成一圈聽讀報，主講人一邊朗讀，一邊發揮，還加了不少精彩的評論。可以想像，在識字率不高的年代，這種傳播方式很有效。當然，現在這麼讀報，是為了便於老人聚會，不全是資訊傳播問題。不僅自己閱讀，還努力傳播開去，甚至模仿寫作，這種具有再生產能力的讀者，說不定還青出於藍而勝於藍呢。這就是理想型讀者了。

回過頭看，鴛鴦蝴蝶派的讀者，基本上是消費型讀者；而新文學的接受者，數量雖不多，但屬於理想型讀者。大學生暑假回家，帶著新書刊，不只自己讀，還介紹給家人和朋友。這是一個特殊的流通路線，不同於報紙廣告或書店售書。

這裏有個細節，上過大學的一聽就明白。同一個宿舍讀書，是有傳染性的；若室友狂熱地讀某本書，你也會有興趣的。什麼樣的書能進入大學生的集體宿舍？它的傳播半徑有多大？交換閱讀的頻率有多高？這和書店買書不一樣，可以意會，但很難準確統計。

還有就是教科書，這個前面已略微提及。到今天為止，朱自清的散文影響還是那麼大，為什麼？第一，朱自清與葉聖陶

合作，有編撰教科書的經驗與能力；第二，他的文章特別適合作為國文教材。好文章不一定適合當教材，如俞平伯的文章很美，但不太適合當中小學教材。這些都是技術問題，可技術問題同樣影響新文化傳播的效果。

東方歷史評論：剛才您說了兩代人的延續性，某種意義《新青年》也非常像《新民叢報》的延續啊。

陳平原：《新民叢報》的議政風格，以及對西洋文化的積極推介，這點確實跟《新青年》很接近。考慮到政治立場以及文學探索，將章太炎主編的《民報》，以及梁啟超主編的另一本刊物《新小說》帶進來，更為全面些。也就是說，一定要我回答《新青年》更像哪些晚清刊物，我會說是《新民叢報》加《新小說》加《民報》。

把別人幾百年的歷史在一瞬間呈現出來

東方歷史評論：剛才您也提到了福澤諭吉，如果把從梁啟超到胡適這兩代的知識分子跟日本做一個參照的話，會跟他們哪兩代人比較像呢？

陳平原：跟日本的明治時代(1868–1911)和大正時代(1912–1926)關係更為密切，時間上也比較接近。雖然「變革」的程度與「維新」的效果不同，但都是英雄輩出的時代。

東方歷史評論：二十世紀頭二十年，中國社會思想文化的發展好像是和世界同步，比如說在中國是新文化運動中的一批人，在德國就是魏瑪共和國時期的知識分子，在美國可能就是海明威這一代，就中國的思想運動和全球思潮的關係您怎麼理解？

陳平原：如此宏大論述，沒有準備，我不敢亂說。唯一可以稍微提及的，是語言變革的共通性，現代德語、現代日語、現代漢語，都是在各自現代民族國家建立的過程中，迅速崛起並逐步完善的。大方向是一致的，只不過每個國家的社會狀態以及民眾教育水平不同，故發展的速度及效果有異。中國現在強大起來了，年輕人很難想像晚清時的積弱貧困，也就不太能理解變革圖存的急迫以及自我批判的沉痛。看1900年前後中國的影像資料，和同時期美國、日本或歐洲的對比，這差距實在太明顯了。那個時候的中國人，如此委靡不振，今天重溫，真是怵目驚心。大道理有時候顯得「虛」，因容易受論述者政治立場左右；但影像資料擺在那裏，非常直覺地告訴我們，那個時候中國人的生活及精神狀態確實不行。這就回到剛才提及的語言變革，即便條條大路通羅馬，走路速度及精神狀態不同，還是有很多差異的。

東方歷史評論：比如說像舒衡哲，她把新文化運動比作中國的啟蒙運動，這樣的比較您覺得合適嗎？

陳平原：粗略說說可以，細究就不行。一定要把「五四」說成是啟蒙運動，人家馬上對接到法國的啟蒙運動，這就有點不太

準確了。要我説，從晚清到五四，就是文藝復興加啟蒙運動加法國大革命，這三者混合在一起，既是又不是。大家都知道，《新潮》雜誌本來就叫《文藝復興》。而晚清的時候，《國粹學報》提倡「古學復興」，也是這個意思。模仿文藝復興之發掘古希臘，晚清則著力研究先秦諸子。你再看看《新青年》揮舞的旗幟，有文藝復興，有啟蒙運動，也有法國大革命。這三種不同的政治論述與思想資源，在不同人身上會有不同程度的體現。有人傾向這個，有人傾向那個，但所有的人都不是獨守一家。也就是説，打開國門，只要是好東西，拿來就用。於是，幾百年的歷史以及不同的思想潮流，一瞬間全被引進到中國，真的是「異彩紛呈」。這跟改革開放初期一樣，我們熱情擁抱西學，那時沒人細究這諸多思潮之間的內在矛盾，哪個就手，就用哪個。於是，半個多世紀不同流派的西方文學理論被混合使用，術語交叉，望文生義。時過境遷，再閱讀那些花裏胡哨的論文，你會有眩暈的感覺。

東方歷史評論：幾個世紀同時湧來。比如尼采就是這樣一個現象，他不是啟蒙時代的人，但是他是「五四」一代人的一個重要精神資源。

陳平原：按今天學界的標準，嚴格説來，沒有一場運動可以直接對應。單獨的作品，尚且不能保證原汁原味地譯介進來，更何況一場思潮或運動？今天的中國學界，很注重晚清及五四的翻譯作品，這是對的。談論西學東漸，不能只談天下大勢，必

須進入到具體作品的條分縷析。但有一點,在原文與譯本之間,還有一個可能並不露面的第三者,那就是日本學界及文壇。我們早年的很多閱讀、翻譯與闡釋,其實受先走一步的日本人的影響。將這個因素考慮在內,論述時更有靈活性與思想深度。

東方歷史評論:這種高度的混雜性有些時候催生創造力,有些時候摧毀創造力,從思想、文學的角度,您怎麼理解章太炎的實際成就?在我們自己的系統裏他是一位大師,但是如果放到一個更宏觀的語境中,比如說世界範圍內,他還算得上一位世界一流的思想家麼?

陳平原:章太炎算不算世界第一流的思想家,我不敢斷言。因為,偉大的思想家往往努力解決自己時代的難題,而那個時候中國人的難題和歐洲人的難題是不一樣的。那時的世界大勢,不由中國人主宰,話語權及傳播路徑必定大受限制。我們只能說,在中國的現代民族國家建立的過程中,章太炎發揮了重要作用,很了不起。但我不敢說他對同時代亞非拉美的影響力。比起同時代歐洲重要思想家來,章太炎攝取儒釋道三家,又加上東洋西洋的思想,駁雜且精深,更重要的是,確實影響了整個社會進程。章太炎並非生活在寧靜的書齋裏,不是精緻而深邃的哲學家,或許那時代的大人物,本來就該是這個樣子。

東方歷史評論:清晰的思想家不對了。

陳平原：是的，在一個大轉折的時代，太清晰的思想家反而有問題。不要說民眾的接受能力，還有社會發展程度，即便作者本人，往往也都是在與時俱進的狀態下，不斷修正自己的論述。譯介中的誤讀，表達時的含混，傳播中的擴容，以及接受時的創造性轉化，都是很正常的現象。理解晚清及五四新文化人的工作，應當既直面他們的誤讀，也體貼那些誤讀背後的「創造力」。

東方歷史評論：您有一篇文章裏面講，特別可惜是新文化運動這種多元的局面很快就結束了，然後「主義時代」來臨了。對於參與新文化運動的人而言，他們思想內部的局限性和這個「主義時代」來臨有什麼內在聯繫嗎？外部因素可能是因為有蘇聯的影響，那麼內部因素應該是怎樣的呢？

陳平原：這麼說吧，新制度沒有完全建立起來的時候，最具感染力，也最具想像力。一旦成功地「新桃換舊符」，很容易又會被定格在某一瞬間。而當外在的政治力量強大到一定程度，個人是很難抵禦的。另外，我經歷過文化大革命，深知在某種特定場合，個人融入集體，會有一種幸福感，甚至熱血沸騰，喪失基本的判斷力。那種狀態下，會有一種催眠式的召喚。晚清及五四兩代人思想的豐富與複雜，背後是選擇的多樣性。北伐完成，國民政府定都南京，這種混沌初開、思想多元的局面一去不復返。國共兩黨的政治立場天差地別，但思維方式很接近，都不喜歡多元化的論述，討厭第三

條道路。兩極對立，黑白分明，整齊劃一，很有美感，但少了上下求索的可能性。

東方歷史評論：那是不是又回到所謂的「救亡壓倒啟蒙」的命題？

陳平原：很難這麼說。我強調的是「五四」立場本身的複雜性。而「救亡壓倒啟蒙」的說法，很容易演變成「政治壓倒了學術」。這樣的論述，是我不太能接受的，雖然當初影響很大。記得丸山昇談過魯迅最動人的地方，不是純政治，也不是純文學，而是政治內在於文學。套用這一說法，我感興趣的是，思想如何內在於學問。切開來談，好像很清晰；混合起來，那種巨大的張力，才是最為動人心魄的。我感慨的是，中國讀書人本就有「學成文武藝，貨與帝王家」的傳統，進入現代社會，依舊沒能建立起強大的精神力量與抗爭意志。無論得勢還是失勢，獨立精神與自由意志都是奢侈品。相對來說，在思想、文化、教育領域，北洋軍閥時代反而比較寬鬆。

東方歷史評論：因為是一個多元權力中心。

陳平原：是的，政權像走馬燈一樣，你方唱罷我登場。不是執政者鼓勵讀書人獨立思考自由表達，而是人家實在顧不過來。首要任務是保住自己的權力，至於教育等，那是很次要的東西，懶得去管。

東方歷史評論：那是一個偶然的自由。

陳平原：亂世中的思想自由，就像我們熟悉的魏晉時代一樣。

東方歷史評論：從晚清到「五四」，其實也是一個古典中國開始消失現代中國建立的過程，那麼在這個過程當中，該如何理解過去士大夫的身分轉換呢？他們是讀這些經書長大的，然後他們的娛樂生活可能是通過詩詞、酒令來完成的，在近代社會變遷的過程中，他們的思維方式是什麼樣子的呢？

陳平原：任何一個時代，或者說任何一種制度，在它方生未生之際，最有魅力。一旦定型了，就會有很多遺憾。生活在一個舊世界崩潰、新世界尚未真正建立的時代，很容易思接千古，馳想天外，那是很幸福的。晚清及五四那兩代人，就是這麼一種生存狀態。

東方歷史評論：您說1979年在學校的時候，那種自認為的某種回應，應該也包括對這種真性情和相對寬鬆的環境的懷念吧。但是現在又過了將近三十年了，「五四」試圖建立的以個人主義為核心的一個社會始終沒有真正建立起來，作為百年之後的我們，作為一個知識分子您會覺得沮喪嗎？

陳平原：不能這麼說。我猜測，三百年後再看，整個二十世紀，就是一個「五四」的時代。就像我們今天談啟蒙運動，或者看法國大革命一樣，都是餘波盪漾，延續很長時間的。若用

長時段的眼光，百年中國，波瀾起伏，有各種偶然因素及複雜性，但如何直面西潮衝擊，走出古典世界，這大趨勢是第一位的。人的生命太短了，談論得失成敗，一年兩年、十年八年，已經了不起了；可對於整個社會來說，百年不算太長。不管你如何懷古，時代大潮推著你往前走，你想退都退不回去。某種意義上，晚清及五四那兩代人的選擇，已經斷了我們的「後路」，你只能往前走，怎麼抱怨也沒有用。前面會有九曲十八彎，但不會退回到悠閒雅致的古典世界。

怎麼看待理想的隕落？以我的經驗，第一，「理想世界」本就不存在，記得魯迅《過客》中的說法，前面既有鮮花，也是墳墓；第二，不管風往哪個方向吹，相信自己的直覺，警惕「亂花漸欲迷人眼」；第三，要有自己的主心骨，大環境左右不了，小環境是能夠自己營造的。

讓「五四」一代人的思想去砥礪你的思考

東方歷史評論：您說我們要不斷回到「五四」跟「五四」對話，但是我們也提到就第三代、學生那一代，他們其實已經跟傳統隔膜了，到現在我們更隔膜了，這種對話您覺得還是可能的嗎？還是可以更深入的實現那種創造性的轉化嗎？

陳平原：某種意義上，每一代人的論述，都跟你當下的處境有關。比如說，現在活躍在舞台上的這一代學人，受過較好的專業訓練，回過頭來談五四，必須多一些體貼與諒解。就專業修

養而言，他們肯定比五四那一代人好，無論説尼采、伏爾泰，還是談文藝復興、法國大革命，都會比五四那代人知道的多得多。因此，很容易產生一種居高臨下的「傲慢與偏見」，覺得五四那代人也沒什麼了不起的，我們早就超越他們了。其實，與五四對話，是一種成長的記憶，也是一種必要的思想操練。也就是說，「五四」並非現成的樣板，而是一塊思想的磨刀石。讓五四那代人的立場、意志及思維方式，砥礪你的性格，激勵你思考、奮進與超越。當然，如能設身處地理解五四那代人的困境，揣摩他們的提問方式與思維習慣，對他們的立場與局限性會有更多「同情之了解」。這是塊很好的磨刀石，關鍵是要善用。

東方歷史評論：如果說在晚清那批人裏面，章太炎可能是一個思想最深刻的人，那麼在「五四」那代人裏除了魯迅以外，還有誰的思想能力最有時間穿透力？

陳平原：我在北大課堂上說過一句話：讀魯迅的書，走胡適的路。前一句大家都接受，後一句則不見得。魯迅思想的深刻大家都承認，至於文章的穿透力，很大程度來自作家的藝術敏感與文體自覺。你讀魯迅文章，會熱血沸騰；讀胡適的則未必。但我以為，胡適文章同樣是超越那個時代的。這裏的區別在於，身處主流與自居邊緣、正面立論與旁敲側擊、建設者姿態與批判者立場──前者很難獲得滿堂掌聲，但不等於不重要。

東方歷史評論：「新文化運動」最成功的地方在哪裏？我記得您在一篇文章裏說過，在那麼多口號裏，白話文取代文言文是最大的一個成果。

陳平原：要說有形且最為顯赫的成果，當然是白話文了。不管你怎麼批評五四，你回不到文言的世界；作為個人興趣可以，但天下大勢，你是無法逆轉的。而且，無論理論還是實踐，白話文運動都獲得了巨大的成功。但我所理解的成功的白話文，既體現在白話文學，也落實為白話學術。這方面，我有好些專門論述，這裏就不細說了。在我看來，現代性是一種生活方式，一種思維方式，同時也是一種表達方式。晚清及五四這兩代學人殫精竭慮，逐漸建構起來的白話學術，以及相關的著述體例等，時至今日，仍然不可動搖。這比具體的論域、論題或論點，更值得珍惜。

東方歷史評論：您怎麼看待從晚清到「五四」知識分子對於時間概念的變化，過去是一種循環的時間，一個向後看的時間，然後一下子迅速變成一個向前看的進步主義的時間，這種轉化對人的思維方式有什麼樣的影響呢？

陳平原：這不是中國獨有的現象，現代性基本上就是這個思路。當我們反省線性時間以及進化論思路時，當然可以加入很多新的元素，進行局部的提高。但我們回不到一切向後看、動輒追摹三代之學的時代。今天很多人都在感嘆「人心不古」，可我更喜歡章太炎的〈俱分進化論〉──「若以道德言，

則善亦進化，惡亦進化；若以生計言，則樂亦進化，苦亦進化。雙方並進，如影之隨形，如罔兩之逐影，非有他也。」這或許更符合大多數人的認識。既然天下大勢「測不準」，那就更多地關注偶然性，抓住一切旁枝逸出的機會，讓事態往較好的方向轉。